Stefan Franz und Rainer Scholz
Prozeßmanagement leichtgemacht

Stefan Franz und Rainer Scholz

Prozeßmanagement leichtgemacht

Prozesse effektiv gestalten
Ein Leitfaden für die Praxis

Mit 31 Abbildungen

Carl Hanser Verlag München Wien

Die Autoren:
Stefan Franz, Fürth
Dr. Rainer Scholz, Nürnberg

Die Deutsche Bibliothek – CIP-Einheitsaufnahme
Franz, Stefan:
Prozeßmanagement leichtgemach : Prozesse effektiv gestalten
; ein Leitfaden für die Praxis / Stefan Franz und Rainer Scholz.
– München ; Wien : Hanser, 1996
   ISBN 3-446-18609-3
NE: Scholz, Rainer

Dieses Werk ist urheberrechtlich geschützt.
Alle Rechte, auch die der Übersetzung, des Nachdrucks und der Vervielfältigung des Buches oder Teilen daraus, vorbehalten. Kein Teil des Werkes darf ohne schriftliche Genehmigung des Verlages in irgendeiner Form (Fotokopie, Mikrofilm oder ein anderes Verfahren), auch nicht für Zwecke der Unterrichtsgestaltung, reproduziert oder unter Verwendung elektronischer Systeme verarbeitet, vervielfältigt oder verbreitet werden.

© 1996 Carl Hanser Verlag München Wien
Umschlagentwurf: Susanne Kraus, München
Gesamtherstellung: Druckerei Sommer GmbH, Feuchtwangen
Printed in Germany

Inhaltsverzeichnis

	Zu diesem Buch	5
1	Erster Kontakt mit Prozeßmanagement	13
2	Wissen statt Reden!	18
2.1	Lassen Sie sich nicht durch Worthülsen verwirren!	18
2.2	Prägen Sie Ihren eigenen Begriff!	22
2.3	Was ist ein Prozeß?	28
3	Projektvorbereitung	33
3.1	Bereitschaft zum Wandel	33
3.2	Mit welchen Prozessen sollte man anfangen?	45
3.3	Brauchen wir Berater?	51
4	Projektauftrag und Projektmanagement	56
4.1	Welche personellen Voraussetzungen benötigt man?	56
4.2	Wie läßt sich der Aufwand für ein GPM-Projekt abschätzen?	66
4.3	Wie läßt sich der Projektnutzen bestimmen?	73
4.4	Was sollte der Projektauftrag enthalten?	76
4.5	Die „Kick-off" Sitzung	84
5	Das Projekt wird gestartet	94
5.1	IST-Aufnahme, damit man weiß, woran man arbeitet	94
5.2	Das Analysereview, um Schwachstellen aufzudecken und, wenn möglich, kurzfristige Verbesserungen zu veranlassen	106
5.3	Wie sind die existierenden Informationssysteme einzuschätzen?	110
5.4	Die bereichsstrategischen Vorstellungen werden konkretisiert	114

Man muß nicht alles wissen, aber man sollte wissen, wo Wissen zu finden ist!

6	Geschäftsprozeß Management	121
6.1	Der erste Schritt ist immer schwierig	121
6.2	Der neue Prozeß wird erarbeitet	128
6.3	Kein Prozeß ohne Informationen. Die Rolle der Informationstechnologie	145
6.4	Die Verantwortung für die Informationsversorgung haben die Fachbereiche	147
6.5	Ohne Messung, keine Steuerung Das Measurementsystem	158
6.6	Nur was man schwarz auf weiß hat... Die Prozeßdokumentation	166
7	Prozeßorganisation	170
7.1	Die Aufbauorganisation als Rückgrat	170
7.2	Mehr Verantwortung Ansporn oder Bedrohung?	175
7.3	Ohne Fleiß kein Preis! Der Anreiz zur ständigen Verbesserung	182
8	Wie geht's weiter? Das „Leben" der neuen Prozesse!	185
9	Schlußbemerkung	189
	Weiterführende Literatur	191
	Sachverzeichnis	192

Zu diesem Buch

Vor Seminarangeboten, Büchern, Aufsätzen, Broschüren oder Reportagen über Re-Engineering und Prozeßdenken kann man sich in letzter Zeit kaum retten. Die Breite des Angebots erstreckt sich vom wissenschaftlichen Text, der bei Adam Smith beginnt und bei technologischen Möglichkeiten im nächsten Jahrtausend endet, bis zur Fallstudie, die jedes Bit und Byte berücksichtigt.

Es gibt jede Menge Literatur über Re-Engineering. Aber es ist höchste Zeit für einen praktischen Leitfaden zu diesem Thema!

Für den wißbegierigen Leser bleibt also kein Wunsch offen?

Wir erinnern uns an die Anfänge unserer Tätigkeit als Verantwortliche für Geschäftsprozeßoptimierung, Re-Engineering war noch nicht erfunden! Damals sprachen zwar viele von der Notwendigkeit, Geschäftsprozesse zu verbessern und damit die Kosten zu senken, aber niemand wußte genau, wie man das bewerkstelligen kann. In Wahrheit wußten nur wenige, was Geschäftsprozesse wirklich sind!

Was also tun? Wir besorgten uns Literatur und besuchten Seminare und Fachtagungen. Aber je mehr wir lasen und hörten, desto weniger wußten wir, wie es funktioniert. Als nächstes suchten wir Berater für Geschäftsprozeßoptimierung. Erstaunlicherweise waren nahezu alle Angesprochenen für das doch so neue Thema kompetent und hatten auch bereits Praxiserfahrungen aufzuweisen. Jeder Berater hatte allerdings eine abweichende Definition für Geschäftsprozeßoptimierung und auch eine andere Version der Vorgehensweise. Schließlich besaßen wir Gewißheit: Keiner hatte jemals wirklich ein nennenswertes GPM-Projekt[1] durchgeführt; jedenfalls nicht so, wie er es darstellte!

Viele wissen etwas zum Thema „Geschäftsprozeß Management", aber nur wenige können wirklich etwas Praktikables dazu sagen.

Einen überzeugenden Leitfaden, wie man Prozeßmanagement (künftig stets nur noch GPM genannt) konzipiert und zur Umsetzung bringt, konnte uns

---

[1] Geschäftsprozeß Management-Projekt

damals keiner geben, und dies ist im großen und ganzen bis heute so geblieben.

Unsere Absicht ist es, allen mit Prozeßmanagement beauftragten Personen eine Hilfestellung für die Durchführung und Umsetzung zu bieten. Dabei verzichten wir ganz bewußt auf historische Zusammenhänge. Wir fragen nicht, wer, wann, wo und in welcher Weise bestimmte Theorien zu diesem Thema angesprochen und entwickelt hat, welche wirtschaftswissenschaftlichen Grundlagen zugrunde liegen oder welche Szenarien einer Implementierung beachtet werden müssen.

Warum also dieses Buch?

> *Macher benötigen umsetzbare Konzepte. Mit theoretischen Abhandlungen ist ihnen wenig geholfen.*

– *Weil in der Literatur eine radikale Umgestaltung der Prozesse empfohlen wird, aber keiner präzise sagt, wie dies bewerkstelligt wird!*
– *Weil die Mehrzahl der vorliegenden Broschüren Information mit Akquisition verwechseln!*
– *Weil die meisten Bücher für Entscheider und nicht für Macher geschrieben sind – plakativ und hemmungslos optimistisch!*

> *Erfahrungen sind wie Schrot im „Allerwertesten"; wer noch nichts abgekriegt hat, bezweifelt, daß es so etwas gibt.*

– *Weil die meisten Texte so tun, als ob die Neugestaltung von Prozessen „von der Stange" gekauft und eingesetzt werden könnte.*
– *Weil der Eindruck erweckt wird, Prozesse könnten allein von einem Computerprogramm neu gestaltet werden.*
– *Weil vielfach suggeriert wird, Prozeßmanagement müsse einfach nur angeordnet werden.*
– *Weil oft die Meinung vorherrscht, ein gelungenes Prozeßmanagement-Projekt ende mit der Neugestaltung der Prozesse.*
– *Weil in vielen Büchern wieder auf andere Bücher verwiesen wird.*
– *Weil häufig die Neugestaltung von Prozessen als Alternative zu Prozeßmanagement definiert wird.*

In dem vorliegenden Buch haben wir für Sie alle unseren Erfahrungen, die wir mit einer Vielzahl von

Zu diesem Buch

unterschiedlichen Prozessen und Gesellschaften gesammelt haben, zusammengetragen. Wir denken, daß gerade die „Macher" unter unseren Lesern mit diesem Buch eine übersichtliche und schnell lesbare Darstellung zum Thema GPM bekommen.
Wir wenden uns an Praktiker,

- *die mit der Durchführung eines Prozeßmanagement-Projekts betraut werden,*
- *die ein Prozeßmanagement-Projekt durchführen wollen,*
- *die nur wissen wollen, wie ein Prozeßmanagement-Projekt ablaufen kann,*
- *die vor lauter Theorie über Prozeßmanagement die Praxis nicht mehr sehen können,*
- *die nicht nur wissen wollen, welche Wettbewerbsvorteile GPM bringen kann, sondern auch, wie man sie erreichen kann,*
- *die sich bei jemandem über GPM informieren wollen, der es selbst schon einmal praktiziert hat, und nicht nur einen kennt,*
- *die erfahren wollen, warum ihr eigenes GPM den damit verknüpften Erwartungen nicht entspricht,*
- *die schon einen fehlgeschlagenen Versuch hinter sich haben und die Schuld nicht nur beim GPM vermuten.*

Praktiker sind die Zielgruppe für das Buch.

Um Ihnen die Lektüre zu erleichtern, haben wir ein fiktives Unternehmen der Gebrauchsgüterindustrie erfunden, in dem das Thema „Prozeßmanagement" zur Zeit einen wichtigen Platz einnimmt. Das Unternehmen ist nicht real, aber typisch, und vieles wird, so hoffen wir, an den eigenen Arbeitsplatz erinnern. Das Unternehmen wird sich in Form von verschiedenen Personen vorstellen, jede mit ihren Stärken und Schwächen. Diese Personen sind gemeinsam beauftragt, durch GPM eine Umkehr oder auch „Turnaround" zu erreichen. Der Leser nimmt teil an Diskussionen zu den Themen „Wer macht es?", „Wo wird begonnen?", „Wie wird es

Ein Beispiel sagt meist mehr als lange Erklärungen.

Um anderen auf die Schliche zu kommen, muß man selber schleichen.

gemacht?" und „Wie wird es umgesetzt?", er hört die Argumente, Gegenargumente und Killerphrasen, die sich in den letzten Jahren, zumindest bei uns, tief eingeprägt haben.
Wir werden durch dieses GPM-Projekt leiten, jeweils Lösungen aufzeigen und Vorschläge unterbreiten, die die aufgeworfenen Probleme beseitigen oder zumindest erträglicher machen!

Warum haben wir diese Form gewählt?

In den meisten Unternehmen werden Umstrukturierungen grundsätzlich programmatisch verfolgt: Top-down und mit wenig Geduld. Viel Zeit für Einlesen, Vergleichen und Entwerfen eines eigenen Vorgehensmodells bleibt nie. Bei unserem ersten Prozeßmanagement-Projekt hätten wir gerne ein Buch gehabt, das darüber aufklärt, worauf wir uns überhaupt einlassen. Es hätte uns nicht nur methodische Tips zur Durchführung geben können, sondern wäre auch für die Vorbereitungsphase sinnvoll gewesen. Außerdem wäre es wichtig gewesen zu wissen, wer vermutlich seine Interessensphäre verletzt sieht und wie er darauf reagiert. Wir hätten gerne ein Buch gehabt, das uns an die Hand nimmt, von Praktiker zu Praktiker.

Das „Für" und „Wider" am Ende einer jeden Diskussion wird durch einen Consultant zusammengefaßt und bewertet.

Wir glauben, daß wir auf diese Weise die komplexe Thematik am besten aufarbeiten können. Die von uns erfundenen Personen werden in der extremen Ausprägung sicher selten vorkommen. Um die Vor- und Nachteile einer Maßnahme aber deutlich zu machen und alle Facetten einer Entscheidung auch deutlich herauszuarbeiten, haben wir diese Form gewählt. Das „Für" und „Wider" am Ende einer jeden Diskussion wird durch einen Consultant bewertet und ergänzt. Seine Meinung stellt im wesentlichen eine Zusammenfassung, sprich das Ergebnis unserer Erfahrungen dar.

Die Frage „Wie beginne ich etwas?" ist die schwierigste, denn ein falscher Anfang beeinflußt den Er-

Zu diesem Buch

folg des gesamten Projekts fundamental; deswegen werden wir zunächst Klarheit schaffen über das Begriffswirrwarr von Prozessen, Prozeßmanagement, Geschäftsprozeßoptimierung und Re-Engineering, aber auch über die wichtigsten Tools, die auf dem Markt erhältlich sind, und die versprechen, bei der Modellierung zu „unterstützen" und „erhebliche Rationalisierungseffekte" zu erreichen.

Die Frage „Wie beginne ich?" ist die schwierigste überhaupt.

Abb. 1: Begriffs-Wirrwarr

Wie wendet man das Handbuch an?

Es soll und kann all die vielen guten Bücher über Re-Engineering oder ähnliche Themen nicht ersetzen. Wir gehen davon aus, daß Personen, die sich mit diesem Thema befassen, sich auch durch Bücher, Seminare und andere qualifizierende Maßnahmen bereits informiert haben. Wir sind sicher, daß während der GPM-Projektarbeit keine Zeit für lange Literaturstudien ist.

Es ist sinnvoll, die im Buch enthaltenen Formulare und Checklisten, mehr oder weniger modifiziert, auch zu verwenden.

Die innerhalb der einzelnen Phasen anzuwendende Strategie und Vorgehensweise wird in aller Regel jedoch unternehmensspezifisch sein müssen. Kein GPM-Projekt läßt sich identisch wiederholen, nicht einmal im eigenen Haus und schon gar nicht in einem anderen Unternehmen mit einer anderen Kultur, anderen Ressourcen oder anderen Marktbedingungen. Jedes Unternehmen muß seine eigene, spezifische Version der Einführung von Prozeßmanagement finden. Anhand dieses Handbuchs können die Projektverantwortlichen ihre Version leicht ableiten.

Wir wünschen viel Erfolg für das Prozeßmanagement-Projekt und hoffen, daß wir die schwere Aufgabe dadurch erleichtern, daß wir eine ebenso unterhaltsame wie anregende Lektüre bieten.

1 Erster Kontakt mit Prozeßmanagement

Es ist wieder einmal „Feuer unter dem Dach". Die Umsätze liegen weit unter dem Budget. Die Mitbewerber verderben die Preise, die Lager sind voll mit Produkten, die keiner – zumindest nicht zu den kalkulierten Preisen – will. Trotzdem verläuft die am Nachmittag stattfindende Vorstandssitzung wie gewohnt. Nachdem jeder seine Begründung für das Nichterreichen der vereinbarten Ziele offenbart und neue Zusicherungen abgegeben hat, will man sich bereits wieder erheben und dem Tagesgeschäft widmen. Da ruft der Vorstandsvorsitzende ein kurzes „Einen Moment noch!"
„Ich habe da etwas in der Financial Times gelesen, und das erscheint mir auf den ersten Blick ganz interessant. Wer kann sich dieses Themas einmal annehmen?" Er wirft einen Blick in die Runde, um festzustellen, wem er diesen Auftrag geben soll. Fragende Gesichter überall, kein direkter Blickkontakt und die Demonstration völliger Überlastung. Man weiß aber, daß sich irgend jemand dafür interessieren muß. Deshalb fragt jemand vorsichtig „Um was geht es denn?".
„Um Geschäftsprozeßoptimierung. Dem Artikel zufolge können damit Quantensprünge bei der Kostenreduzierung erzielt werden. Vielleicht ist das ein Ansatzpunkt für weitere Personaleinsparungen." Alle Blicke richten sich auf den Produktionsverantwortlichen. Die Produktion, wer sonst hat ständig mit Prozessen zu tun? Ein allgemeines Aufatmen, ein ermunterndes „dafür sind Sie doch der Richtige" und ein ratloser Manager. Der Produktionschef nickt, nimmt die Kopie und geht in sein Büro. „Ständig diese Sonderaufträge, wo man doch weiß Gott genügend um die Ohren hat. Warum kann das nicht der Verwaltungsfritze tun, der weiß doch den ganzen Tag nicht, was er tun soll."
Die erste Überlegung ist „delegieren", aber an wen?

Effizienzsteigerungsvorhaben sind in der Regel nicht das Ergebnis strategischer Planungen, sondern entstehen meist sporadisch und wenig durchdacht.

Quantensprünge bei der Kostenreduzierung, radikaler Umbau von Unternehmen, Empowerment und ähnliche Worthülsen verstellen den Blick für das Machbare.

"Wer hat die Zeit, und wer ist dafür entsprechend qualifiziert? Wäre dies nicht eine Aufgabe für die Informatikabteilung? Diese Computermenschen wollen doch stets überall involviert sein, also sollen sie sich jetzt auch dieses Themas annehmen". Er läßt sich also mit dem Chef der Informatik verbinden und macht ihm die Sache schmackhaft.

Der DV-Leiter liest den Artikel gewissenhaft. Allzuviel sagt er ja nicht aus, aber er behandelt ein Thema, das in allen Fachpublikationen und zunehmend auch in anderen Zeitschriften behandelt wird. Er wollte sich schon lange intensiver um dieses Thema kümmern, und nun ergibt sich die Gelegenheit. „Irgendwie ist dieses Thema doch im Rahmen der Präsentation unserer neuen Standardsoftware bereits angesprochen worden...", überlegt der Informatikchef und sucht diese Dokumente.

Er läßt sich mit dem Produktionschef verbinden und verkündet stolz: „Das Thema in dem Artikel ist ein alter Hut. Ich habe das bereits vor einem Jahr bei der Projektplanung für die neue Software angesprochen. Übrigens sind mit Prozessen hier nicht Fertigungsprozesse gemeint, sondern primär Verwaltungsprozesse. Auch unsere neue Software basiert auf verbesserten Prozessen und bietet sogar ein maschinelles Tool dafür an. Das Thema ist bei mir schon richtig aufgehoben."

Der Produktions-Manager bedauert schon, daß er überhaupt die DV-Abteilung einbezogen hat. Es gibt offensichtlich nichts, was sich der Informatikbereich nicht an Land zieht. Um das Thema nicht ganz aus der Hand zu geben, muß er einen Weg finden, zumindest mit im Boot zu sein. Er wendet sich deshalb an den DV-Manager: „Können wir uns trotzdem zu einem Gespräch treffen? Sie wissen, der ‚große Vorsitzende' hat mich angesprochen und erwartet deshalb auch von mir eine Stellungnahme."

Eilig liest er nun doch den Artikel und bespricht ihn vorsichtshalber mit seinem Assistenten. „Lesen Sie einmal! Was meinen Sie? Er ist ganz interessant,

---

Ein guter Einfall ist wie ein Hahn am Morgen. Gleich krähen andere Hähne mit.
K. H. Waggerl

Es gibt offenbar kein Thema, das für den Informatikbereich nicht interessant ist.

Erster Kontakt mit Prozeßmanagement

aber keinesfalls spektakulär oder birgt gar Neues. Der Informatikbereich wittert bereits wieder neue Aufgaben, ich habe gerade mit ihm gesprochen. Was ist Ihre Meinung? Wir haben doch unsere Prozesse gerade für ISO 9000 beschrieben? Sollen wir das Rad immer wieder neu erfinden? Dafür haben wir wirklich keine Zeit, stimmt's?" Der Assistent errät die erwartete Antwort und bestätigt eilfertig.

Der Chef des Informatikbereichs bespricht sich zwischenzeitlich mit einem befreundeten Berater. Man einigt sich, das Eisen zu schmieden, solange es heiß ist. Es werden Fachbücher beschafft, die sich mit dem Thema auseinandersetzen, darunter auch ein Werk, das neuerdings in aller Munde ist und bereits zur Pflichtlektüre für Prozeßoptimierer gehört: Hammer/Champy[2]!

Wer den Nagel auf den Kopf trifft, schont seinen Daumen. Es muß ja nicht immer der gleiche Hammer sein.

Bei dem ersten gemeinsamen Gespräch zwischen den Managern von Informatik und Produktion wird vereinbart, daß der Informatikbereich eine Studie erarbeitet. Danach erstattet der Produktionsleiter dem Vorstandsvorsitzenden Bericht und erklärt ihm, daß das Thema zwar interessant sei, das Unternehmen aber wesentlich dringendere Probleme drücken. Außerdem würden die Prozesse ja gerade im Rahmen von ISO 9000 redesignt. Dennoch habe er dem Informatikbereich den Auftrag gegeben, sich einmal darum zu kümmern, ob nicht noch für die Zukunft Verbesserungspotentiale aus diesem Thema erwachsen könnten. Im übrigen handle es sich wieder einmal um alten Wein in neuen Schläuchen!

Warum Prozeßmanagement, wenn ISO 9000ff bereits realisiert wurde?

Der Informatikbereich erarbeitet die Studie und präsentiert sie in der nächsten Vorstandssitzung.

Fazit der Vorstandssitzung: Ein sehr interessanter Ansatz mit interessanten Aspekten. Wohlwollende Zuhörerschaft mit der Gewißheit, daß das Thema erst einmal vom Tisch ist. Überraschenderweise er-

---

[2] Hammer, Michael/Champy, James (1994): Business Re-Engineering. Frankfurt/M Campus.

hält der Informatikbereich den Auftrag, dahingehend einen Vorschlag auszuarbeiten, was geschehen soll, welcher Aufwand dahintersteht und welche Ergebnisse zu erzielen sind.

Viele neue Ideen werden als „alter Hut" abqualifiziert, weil sie nicht verstanden werden.

Die „Alter-Hut-Problematik": Neue Gedanken werden oft in vorhandene Schubladen eingeordnet. Die Instrumente, die beim Re-Engineering eingesetzt werden, haben sicherlich viele Ähnlichkeiten zu früheren Reorganisationsmethoden, jedoch sind Zielsetzung und Ansatz fundamental verschieden. Wurden früher erst Aufgaben definiert, dann Abteilungen geschaffen und schließlich die Abläufe organisiert, so gestaltet man heute zunächst die Prozesse und dann die Stellen und Abteilungen. Und dieser Gedanke paßt eben nicht in vorhandene Schubladen, sondern ist neu. Die erste Aufgabe von Prozeßmanagement-Beauftragten ist es somit, diesen Gedanken von Prozeßmanagement in der Organisation zu verbreiten.

Auch Dienstleistungen sollten wertschöpfend sein.

▸ *Prozesse sind materielle Flüsse. Das Verständnis des Begriffs wertschöpfender Prozeß beschränkt sich bei vielen Mitarbeitern zunächst nur auf materielle Flüsse. Die Vorstellung, daß administrative Tätigkeiten als Dienstleistungen, und somit als ebenfalls wertschöpfende Leistungserstellung, betrachtet werden können, muß sich erst bilden. Daß die Güte und Wettbewerbsfähigkeit dieser Prozesse eben auch Auswirkungen auf die Wettbewerbsfähigkeit des Gesamtunternehmens hat, ist eine weitere Überlegung, für die der Prozeßverantwortliche werben muß!*

Immer wenn es zu spät ist, dämmert es den meisten.

▸ *Das „Dafür haben wir keine Zeit mehr-Argument". Leider wird Prozeßmanagement erst dann ein Thema, wenn der Leidensdruck groß genug geworden ist. Regelmäßig müssen zur Sicherung des Unternehmensbestehens bereits kurzfristig Maßnahmen ergriffen werden, meist Personalentlassungen. In einer solchen Zeit ist es*

Erster Kontakt mit Prozeßmanagement 17

♦ **ISO 9000 – Die Dokumentation für die Zertifizierung wird mit Prozeßmanagement gleichgesetzt.** Übergreifende Prozesse werden mit detaillierten, stellenbezogenen Abläufen verwechselt. Richtig ist, daß ISO 9000 eine sinnvolle Ergänzung des Prozeßmanagements darstellt: ISO 9000ff dokumentiert das „WIE" eines Prozesses, GPM dokumentiert das „WAS". Aufgrund der unterschiedlichen Aggregation der Dokumentation von GPM und ISO 9000 ergänzen sich beide Verfahren ideal.

Prozeßmanagement und ISO 9000ff ergänzen sich.

♦ **Die Einführung von Standardsoftware** erscheint vielen Unternehmen bereits der Beweis dafür zu sein, daß sie Prozeßmanagement betreiben. In Wahrheit ist für sie der Einsatz von Standardsoftware das Vehikel, organisatorische Defizite zu kompensieren. Prozesse sind jedoch unternehmensspezifisch, weil sie das „Unternehmensklima", die Mitarbeiterstruktur und die historisch gewachsenen Stärken und Schwächen eines Unternehmens widerspiegeln. Das heißt: zuerst die Neugestaltung der Prozesse und dann erst die Unterstützung durch Informationssysteme. Vor wenigen Jahren wäre dies noch ein gewagter Ansatz gewesen, weil die angebotene Standardsoftware nicht modular genug war. Die heute angebotenen Standardsoftwaresysteme sind in der Regel prozeßorientiert einzusetzen.

Die Einführung von Standardsoftware ist kein Ersatz für Prozeßmanagement.

2 Wissen statt Reden!

2.1 Lassen Sie sich nicht durch Worthülsen verwirren!!

Das Kapitel ordnet die Vielzahl der publizierten Methoden und stellt dar, was dahintersteckt.

Die Kreativität von Autoren und Beratern für eingängige Schlagwörter ist unerschöpflich: Process Re-Engineering, Process Redesign, Process Reorganization, Process Innovation, Business Transformation etc.

Sind dabei gleiche Inhalte mit unterschiedlichen Begriffen belegt, oder sind für unterschiedliche Inhalte gleiche Begriffe gewählt? Wer soll sich hier noch zurechtfinden?

Es ist für den Kunden nicht so wichtig, welchen Namen ein Schiff hat, sondern mit welchem Auftrag es unterwegs ist, welche Ladung es transportiert, welche Besatzung mit welcher Erfahrung an Bord ist und welches Ziel das Schiff ansteuert. Das zu ermitteln, ist aber gar nicht so leicht, denn kaum ein Berater kann ein wirkliches Interesse daran haben, sich in diesem Themenbereich exakt festzulegen und sein Leistungsangebot vergleichbar zu machen.

Kein Berater kann ein Interesse daran haben, sein Leistungsangebot wirklich vergleichbar zu machen.

Doch: Hinter dieser Begriffsvielfalt liegen tatsächlich nur drei Richtungen.

Business Re-Engineering die neue Wunderwaffe? Radikale Umgestaltung und traumhafte Resultate.

Der populärste Ansatz ist das **Business Re-Engineering.** *Fundamentale Veränderung, radikale Umgestaltung, Verbesserung als Quantensprung oder revolutionäre Methode*, im zugehörigen Sprachgebrauch ist alles überhöht. Re-Engineering geht an die Substanz des Unternehmens; im Mittelpunkt steht die drastische Verbesserung der Wettbewerbsfähigkeit: „Wenn ich mein Unternehmen heute mit meinem jetzigen Wissen, bei den jetzigen Marktverhältnissen und beim gegenwärtigen Stand

	Geschäftsprozeß-optimierung	Business Re-Engineering	Geschäftsprozeß-Management
Gegenwart/Zukunft-Beziehung Organisationsentwicklung			Kontinuierliche Verbesserung der Kernkompetenzen
Unternehmen/Markt-Beziehung Organisationseffektivität		Ausrichten an aktuellen Markterfordernissen	Ausrichten an aktuellen Markterfordernissen
Ressourcen/Leistungs-Beziehung Organisationseffizienz	Crossfunktionale Prozeßvereinfachung	Crossfunktionale Prozeßvereinfachung	Crossfunktionale Prozeßvereinfachung

Abb. 2: Die drei Richtungen der prozeßorientierten Reorganisation

der Technik neu gründen müßte, wie würde es dann aussehen?"
Durch die Neugestaltung sollen Kostensenkungen, Qualitätserhöhungen und Zeitverkürzungen nicht in einer inkrementalen Schrittfolge, sondern in Quantensprüngen realisiert werden. Die Geschäftsprozesse erfahren eine Ausrichtung auf den Kunden: Wo früher jeder Vorgang von einer Fachabteilung über die Mauer zu anderen befördert wurde, bearbeiten nun „Caseteams" gemeinsam die ganze Prozeßkette – dies bedeutet eine „Abkehr von den tayloristischen Arbeitsprinzipien", wie es im Fachjargon heißt. Die tragende Rolle spielt die Informationstechnologie. Neue Computertechnik und bessere Anwendungen ermöglichen neue Formen der Zusammenarbeit: Die Informationstechnologie ist sozusagen die Mutter des Business Re-Engineerings.
Business Re-Engineering ist so ganz nach dem Geschmack der Managementgurus. Re-Engineering suggeriert: Ein Turnaround ist machbar, wenn man weiß, wie! Zum Einsatz kommen dabei Standardkonzepte, nach dem Motto: „Was für Ford gut ist, kann für Pfanni nicht falsch sein!" In einem engen zeitlichen Rahmen ist alles durchgestanden – umfangreiche Geschäftsprozesse mit über 400 Mitarbeitern werden schon einmal in sechs Monaten auf

Business Re-Engineering ist ganz nach dem Geschmack der Informatiker.

den neuesten Stand gebracht. Langfristig wird die Umsetzung nur in seltenen Fällen begleitet: Die Suppe löffeln die Mitarbeiter alleine aus!

Geschäftsprozeßoptimierung, so nennen die Datenverarbeiter *ihre* Art, die Abläufe im Unternehmen zu reorganisieren. Sie arbeiten am anderen Ende der Prozeßhierarchie. Während Reengineerer vom großen Wurf träumen – von Abriß und Neubau, arbeiten die Informatiker im Detail, überprüfen Tätigkeit für Tätigkeit auf Redundanzen, Parallelisierung oder Mechanisierung. „Wie muß ich meine Abläufe gestalten, so daß sich die – meist bereits gekaufte – Software am effektivsten einsetzen läßt? Welche Abläufe sind für die fortschrittlichste Informations Technologie (nachfolgend nur noch IT genannt) am besten geeignet?" Begrifflich verbunden werden damit *Optimierung, Schnittstelleneliminierung, Standardisierung oder Simulation.* Die Geschäftsprozeßoptimierer zeichnen umfangreiche Wandtapeten, in denen jede Informationsbeziehung im Unternehmen wie in einem überdimensionalen Spinnennetz abgebildet ist. Mit Hilfe von Computerprogrammen können die Arbeitsabläufe unter unterschiedlichster Belastung simuliert werden; Auf diese Weise lassen sich Rückschlüsse auf den Stellenbedarf ziehen.

Zielsetzungen sind die Verkürzung der Durchlaufzeiten und die Erhöhung der Produkt- und Prozeßqualität, in erster Linie aber Kostensenkung, sprich die Personalreduzierung durch leistungsfähigere Informationssysteme. Aus diesem Grund wird Geschäftsprozeßoptimierung häufig dann zu einem Thema, wenn die Einführung und Konfigurierung einer Standardsoftware bevorsteht und deshalb Kosten-/Nutzenüberlegungen angestellt werden müssen. In der Regel kommt deshalb die Initiative für derartige Projekte aus dem Informatikbereich, der sich auch für die Durchführung anbietet. Im

---

Die „Softies" sprechen lieber von Optimierung. Das verschreckt die Betroffenen nicht so sehr.

Geschäftsprozeßoptimierer zeichnen umfangreiche „Wandtapeten".

Optimierung setzt primär auf Kostenreduzierung und damit ist meist Personalreduzierung gemeint.

Brennpunkt der Umgestaltung stehen Mechanisierungsbemühungen, und die Verantwortlichen scheinen sich oft nicht darüber im klaren zu sein, daß dies nur **eine** Option organisatorischer Gestaltung ist.
Geschäftsprozeßoptimierung hat andere Zielrichtungen als Business Re-Engineering – und das ist bei der Entscheidung zu bedenken, wer wie eine Neuorientierung durchführt!

Prozesse transparent zu machen und sie zur Weltklasse zu entwickeln, dafür ist der Begriff **Geschäftsprozeß-Management** geprägt worden. Der geforderte radikale Wandel bezieht sich nicht auf Strukturen, wie beim Re-Engineering, sondern auf die Managementmethodik. Das Ziel ist eine Unternehmenssteuerung, die nicht mehr über Vorgabe und Kontrolle von Arbeitsergebnissen durch Vorgesetzte, sondern über das direkte Abstimmen und Einwirken der Prozeßbeteiligten selbst funktioniert. Prozeßmanagement bedeutet Qualitäts-, Zeit-, Kosten- und Kundenzufriedenheits-Messungen, die zu aussagekräftigen Indikatoren verdichtet werden. Die Mitarbeiter können so anhand dieser Daten die Güte des Prozesses beurteilen. Entsprechen sie den gesteigerten Erwartungen, ist der Prozeß *„in line"*, also innerhalb der vorgegebenen Werte. Wenn nicht, müssen Maßnahmen ergriffen werden – im Extremfall bis hin zum Re-Engineering. Die Prozesse sollen dadurch stetig besser werden: besser im Sinne von Präzision und besser im Sinne von Exzellenz. Präzise Prozesse sind zielorientiert, besitzen Null-Fehler-Qualität und sind „Customer faced". Exzellente Prozesse ermöglichen Wettbewerbsvorteile in der Operation.
Die damit verbundenen Vokabeln sind *kennzahlengestütztes Management, kontinuierlicher Verbesserungsprozeß, evolutionär, KAIZEN, Entwicklung der Kernkompetenzen.* Prozeßmanagement ist ebenso radikal wie Re-Engineering, aber nicht so

Geschäftsprozeß Management bedeutet Re-Engineering, Optimierung und kontinuierliche Verbesserung von Prozessen.

spektakulär: Die Managementphilosophie läßt sich, noch weniger als Strukturen, von heute auf morgen verändern.

Prozeßmanagement ist ebenso radikal wie Re-Engineering, aber nicht so spektakulär.

Prozeßmanagement und Re-Engineering sind miteinander verbunden. Prozeßmanagement ohne Re-Engineering entwickelt den Prozeß strategisch in die falsche Richtung. Re-Engineering ohne Prozeßmanagement ist nicht stabil, **trotz Radikalkur kehren die alten Leiden zurück.**

Prozeßmanagement liegt in der Verantwortung der Fachbereiche, nicht bei den Datenverarbeitern.

Prozeßmanagement liegt in der Verantwortung der Fachbereiche, dem Informatikbereich kommt dabei eine wichtige, aber nicht die führende Rolle zu.

Drei Begriffe, drei Ansätze, drei Absichten, die Grenzen sind fließend und es ist unumgänglich, genau zu lesen, was die Autoren wirklich meinen!

Placebo-Re-Engineering ist die am häufigsten eingesetzte Methode.

Schließlich gibt es noch einen vierten Ansatz: das **Placebo-Re-Engineering**. Es gibt heute praktisch keine Verbesserungsmaßnahme mehr, die nicht mit dem Prädikat „Re-Engineering" versehen wird. Jeder Management-Trend läßt sich bewußt oder unbewußt mißbrauchen, um Kostenreduzierung durch Personalabbau zu erreichen. Auch hier werden die Vokabeln *flache Strukturen, schlanke Prozesse und Organisation, Kundenorientierung, Dezentralisierung, Delegieren von Verantwortung usw.* verwendet, allerdings mit der Absicht, sie als Vehikel für unpopuläre Handlungen zu mißbrauchen. Der Informatikbereich ist dabei immer nur Mittel zum Zweck, weil er selbst auch zur Manövriermasse gehört.

2.2 Prägen Sie Ihren eigenen Begriff!

Leider ist der Begriff „Re-Engineering" verwässert worden.

Leider ist der Begriff Re-Engineering mittlerweile verwässert worden. Wenige, die den Begriff verwenden, verbinden damit konkrete Maßnahmen. Doch Begriffe müssen Programme sein. Mit dem richtigen Begriff läßt sich von Beginn an die Absicht, die Ernsthaftigkeit und die Zielsetzungen von

Projekten darstellen. Ein Projekt mit dem Titel „Total Customer Care" stellt die Kundenausrichtung in den Mittelpunkt, der Begriff „Business Revolution" dokumentiert den Willen zu einem wirklichen Wandel!

In diesem Buch verwenden wir den Begriff **Geschäftsprozeß Management**. Wir verbinden damit die Vokabeln *radikal, ganzheitlich, strategisch, Empowerment*; GPM verfolgt somit ähnliche Ziele wie Re-Engineering und Prozeßmanagementprogramme. Im Vordergrund wird der Aufbau eines Managementsystems stehen, das in der Lage ist, den Prozeßmitarbeitern Hilfe zur Selbsthilfe zu geben, Unterstützung, bei der Selbststeuerung ihres Prozesses, Assistenz durch Kosten-, Zeit-, Qualitäts- und Kundenzufriedenheits-Kennzahlen, so daß der Bedarf an Koordination durch Hierarchie deutlich verringert wird. Im einzelnen werden diese Prinzipien verfolgt:

Bei Geschäftsprozeß Management wird der Bedarf an Koordination durch Hierarchien deutlich verringert.

- von Vorgesetztenorientierung zur Selbststeuerung der Wertschöpfungsketten
- von funktionaler Exzellenz zur Ausrichtung an Kunden- und Lieferantenwünschen
- von interner Optimierung zur Einbeziehung von Lieferanten und Kunden
- von Organisation des Arbeitsablaufs zur strategischen Entwicklung von Kernkompetenzen
- von Orientierung an Bereichsplänen zur Fokussierung aller Ressourcen auf die Unternehmensziele
- von Zielvorgaben zu Zielvereinbarungen
- von Kontrolle zur Delegation der Verantwortung
- von Bereichsegoismen zu Prozeßdenken
- von „Prozeß folgt Informationstechnologie" zu „Informationstechnologie folgt Prozeß"

Die Abkehr von tradierten Vorgehensweisen bringt die Wende.

Jedes Restrukturierungs-Programm sollte seine eigenen unternehmensspezifischen Prinzipien besit-

Das methodische Vorgehen bei Prozeßmanagement ist wichtig.

zen und seine eigenen unternehmensspezifischen Akzente setzen.

Jedes Unternehmen hat zwar seine eigene Prägung, aber um Prozeß-Management einzuführen, sind nach unseren Erfahrungen immer bestimmte Maßnahmen zu ergreifen, wenn auch oft in unterschiedlicher Intensität. Diese grundsätzlichen Bausteine sind in der folgenden Vorgehensweise beschrieben.

Geschäftsprozeß Management impliziert neue Denk- und Handlungsweisen.

Geschäftsprozeß-Management impliziert neue Denk- und Handlungsweisen, die sich wesentlich von den tradierten Methoden unterscheiden, die heute in den meisten Unternehmen vorherrschen. Die von uns entwickelte Methode zur Einführung von GPM bietet umfassende Lösungsansätze durch ein modulares Bausteinkonzept an. Neben den organisatorischen Basismodulen, die grundsätzlich jede Reorganisation enthalten muß, werden Ergänzungsmodule angeboten für

- die mentale Akzeptanz der radikalen Veränderungsmaßnahmen (Promotion)
- eine mögliche Adaption der Informationstechnologie (Informatik)
- die Umsetzung der unternehmerischen Visionen in die operativen Organisationsabläufe (Strategie)

Die Ziele der einzelnen Bausteine sind:

- IST-Aufnahme:

Die IST-Aufnahme schafft Transparenz der heutigen Prozesse.

Die wichtigste Aufgabe der IST-Aufnahme ist die Schaffung von Transparenz der existierenden Abläufe bei den Mitarbeitern des Projekts, der Fachbereiche und im Management. Die IST-Aufnahme dokumentiert damit die Vollständigkeit der heutigen Abläufe sowie die Schnittstellen zu anderen Bereichen. Während der IST-Aufnahme wird den Mitarbeitern auch erstmals das Gefühl vermittelt, in das neue Projekt einbezogen zu sein, was ein nicht zu unterschätzender Faktor ist.

Wissen statt Reden! 25

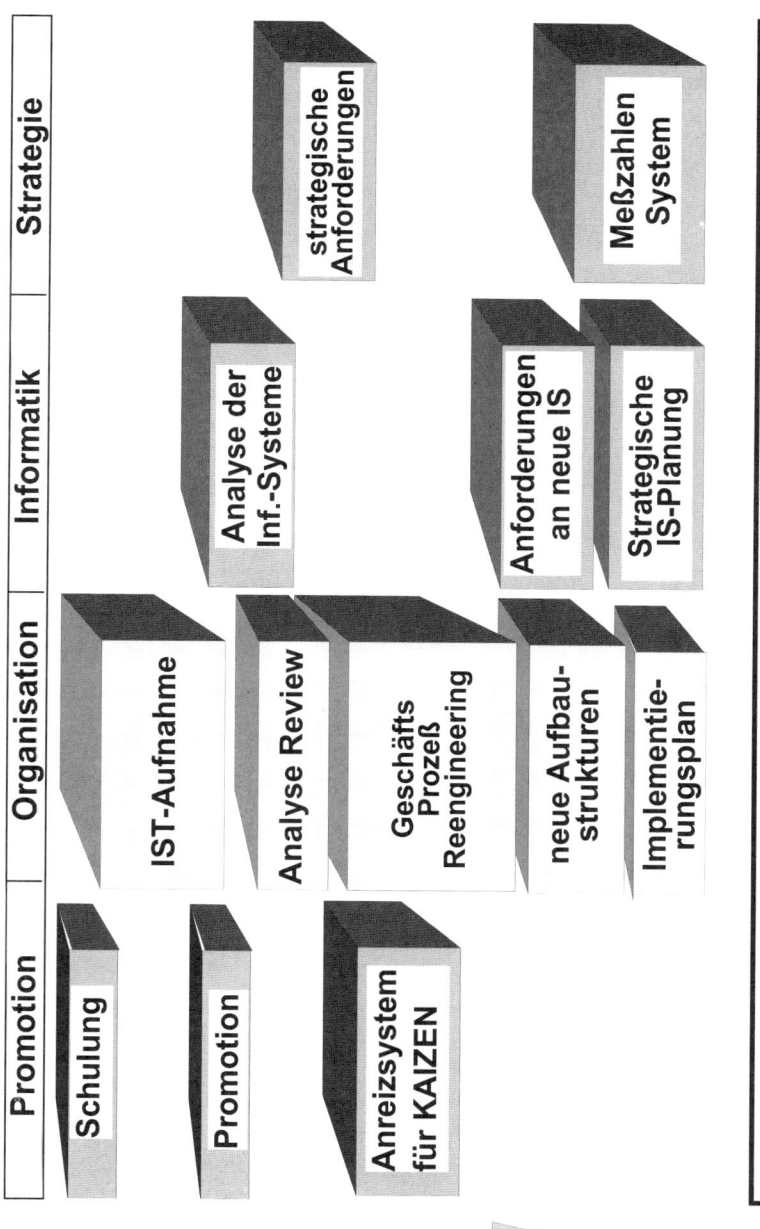

Abb. 3: GPM-Projektstruktur

Wissen statt Reden!

Viele Schwachstellen können auch ohne Re-Engineering abgestellt werden.

♦ Analyse-Review:
Diese Phase, auch IST- oder Schwachstellenanalyse genannt, gestattet das sofortige Eliminieren von Schwachstellen. Das Ende dieser Phase, also das Erkennen und Abstellen von Schwachstellen, war in der Vergangenheit meist auch das Ende von Rationalisierungsmaßnahmen. Ein weiterer Vorteil der IST-Analyse ist der schnelle und sichtbare Erfolg des Projekts für Mitarbeiter und Management, auch wenn das noch nichts mit GPM zu tun hat.

Re-Engineering ist der Kern von Geschäftsprozeß Management.

♦ Restrukturierung von Prozessen (Re-Engineering):
Diese Phase ist der Kern von GPM. Re-Engineering heißt, den neuen Prozeß unabhängig von bestehenden Bereichen und Strukturen neu zu gestalten, wobei allein die Unternehmensziele den Orientierungspunkt darstellen. Dabei werden die Schnittstellen zu anderen Prozessen auf ein absolutes Minimum beschränkt, das heißt, alle unbedingt erforderlichen Aktivitäten werden im Rahmen des Prozesses verankert. Die Schnittstellen zu nicht integrierbaren Aktivitäten werden nicht nur definiert, sondern harmonisiert, also zwischen Lieferant und Kunden vereinbart (Business Level Agreement). Prozesse fremder Geschäftsfelder werden in klarer und abgestimmter Form einbezogen und die Prozeßergebnisse klassifiziert.

Strukturen müssen prozeßorientiert sein.

♦ neue Aufbaustrukturen:
Aufbaustrukturen werden den restrukturierten Prozessen angepaßt und nicht umgekehrt. Die Reduzierung von Hierarchien muß durch die neuen Prozesse begründet sein. LEAN als Selbstzweck gefährdet die Prozeßziele. Crossfunktionale Dienstleistungen (Competence Center) müssen aus den neuen Strukturen erkennbar sein.

Wissen statt Reden!

- Implementierungsplan:
Die Umsetzung in die Praxis erfordert eine andere Projektorganisation als das GPM-Projekt. Die Umsetzung in die Praxis muß gut geplant werden, wobei definierte „Milestones" den Erfolg der Umsetzungsmaßnahmen widerspiegeln müssen.

  Die Umsetzung der neuen Prozesse in die Praxis muß geplant werden.

- Schulung:
Jeder Mitarbeiter muß seinen Aufgaben entsprechend qualifiziert werden. Nur informierte Mitarbeiter und Führungskräfte können den von ihnen verlangten Beitrag zum Gelingen des Projekts leisten. Die Schulung darf sich jedoch nicht nur auf die Vorgehensweise beschränken, sondern muß darüber hinaus auch die angestrebten Ziele von GPM begründen und verdeutlichen.

  Nur informierte Mitarbeiter und Manager können ihren Beitrag zum Gelingen des Projekts leisten.

- Promotion:
Zur Förderung der Akzeptanz bei Mitarbeitern und Management sind gezielte Maßnahmen durch hochrangige Manager wichtig.

  Promotion ist ein wesentlicher Beitrag zum Gelingen des Projekts.

- KAIZEN:
Das Führungsprinzip von KAIZEN besteht darin, die Mitarbeitermotivation an die Prozeßperformance zu koppeln, also die Verbesserung durch kleine Schritte zu fördern.

  Die Kopplung der Mitarbeitermotivation an die Prozeßperfomance fördert die Prozeßverbesserung.

- Analyse der bestehenden Informationssysteme:
Ein Großteil der Aktivitäten wird in der Regel von Informationssystemen abgedeckt. Das zu erkennen und zu bewerten, ist Aufgabe dieser Phase.

  Informationssysteme müssen die Prozesse unterstützen, nicht vorgeben.

- Anforderungen an neue Informationssysteme:
Um die neuen Prozesse zielorientiert und nutzergerecht zu unterstützen, müssen die Anforderungen an die einzusetzenden Informationssysteme definiert werden.

Die Nutzung aller Möglichkeiten moderner IT muß langfristig gesichert werden.

♦ **Strategische Informationsplanung:**
Die Nutzung aller Möglichkeiten moderner IT muß langfristig gesichert werden. Das ist nur durch eine strategische Informationsplanung sicherzustellen.

Die neuen Prozesse müssen die Unternehmensstrategien langfristig unterstützen können.

♦ **Analyse der strategischen Anforderungen:**
Die Aufgabe dieser Phase ist das Identifizieren von Kernkompetenzen des Unternehmens. Um eine größtmögliche Flexibilität der künftigen Prozesse gegenüber internen und externen Einflüssen für die Zukunft sicherzustellen, sind die strategischen Anforderungen an die neuen Prozesse unverzichtbar.

Keine Transparenz ohne Messung. Nur die Transparenz der Prozesse ermöglicht deren Verbesserung.

♦ **Meßzahlensystem:**
Die objektive und vergleichende Betrachtung und Bewertung der Prozesse setzt ein effektives Meßzahlensystem voraus. Diese Meßpunkte müssen im Prozeß fest integriert sein und sind im Ablauf des Prozesses die Basis für einen kontinuierlichen Verbesserungsprozeß (KVP), wobei alle am Prozeß beteiligten Mitarbeiter einbezogen sein müssen.

2.3 Was ist ein Prozeß?

Was ein Prozeß ist, glaubt inzwischen fast jeder zu wissen. Wie er aus der Sicht von Geschäftsprozeß Management definiert wird, erläutert dieses Kapitel.

Neue Denkweisen verlangen nach einer eigenen Sprache! Für das Verständnis des Prozeßdenkens und das gemeinsame Kommunizieren darüber, sind deshalb einige Definitionen wichtig. Prozeßdefinitionen gibt es mittlerweile viele – technische und philosophische, beschreibende und aufzählende, treffende und schwammige! Unsere ist trocken, aber kurz:

Ein **Geschäftsprozeß** ist eine generische Kette zwangsläufig aufeinander aufbauender Bearbeitungsschritte, die einen definierten Beginn und ein definiertes Ende hat. Jeder Prozeß setzt sich im Re-

Wissen statt Reden!

gelfall aus mehreren **Subprozessen** zusammen. Jeder Subprozeß besteht aus vielen seriell und parallel ablaufenden **Aktivitäten**. Eine Aktivität besteht in der Regel aus einer Vielzahl von Einzeltätigkeiten.

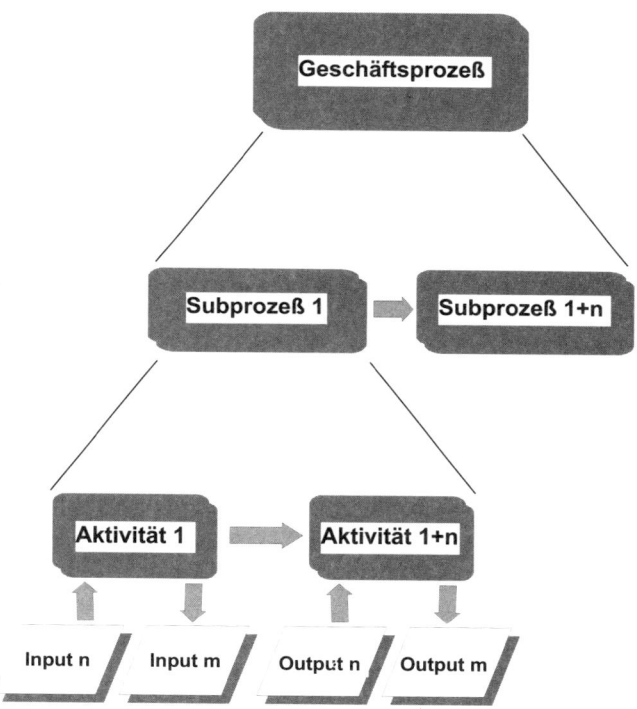

Abb. 4: Systematik der Prozeßanalyse

Anders definiert sind Prozesse wertschöpfende Transformationsvorgänge. Was heißt wertschöpfend? Ein wie auch immer gearteter Input aus Informationen, Materialien oder Dienstleistungen wird sukzessive in einen Output verwandelt. Ein potentieller Käufer ist bereit, für den Output mehr zu „bezahlen", als die Summe aller Inputpreise und Transformationskosten ausmacht! In unserem Verständnis sind Prozesse also erst dann wertschöpfend, wenn ihre Leistung vom Kunden auch hono-

Prozesse sollten nur die Aktivitäten enthalten, für die ihre Kunden auch etwas bezahlen würden!

Wissen statt Reden!

riert wird oder wenn sie z. B. vom Gesetzgeber vorgeschrieben sind.

Für die Darstellung von Prozessen gehen wir deshalb von folgender Überlegung aus:

Welche Ebene ist für die Betrachtung von Prozessen relevant? Bei der Neustrukturierung von Prozessen – wenn man den großen Wurf erreichen will – sollte die Betrachtungsebene nicht im Detail liegen. Es genügt zu wissen, *was* benötigt oder erzeugt wird, das heißt, Produkt, Dienstleistung, Information u. ä. Dabei ist es unerheblich, ob dies durch Informationssysteme oder manuell geschieht. Das *Wie* spielt dabei keine Rolle.

> Bei einem Prozeß genügt es zu wissen, was je Aktivität benötigt wird, was damit geschieht und was das Ergebnis ist.

Beispiel: Die Kenntnis der Aktivität „Ladeliste erstellen" ist ausreichend. Die Tätigkeiten, die dazu ausgeführt werden müssen, also die Auflösung der Aktivitäten in Einzeltätigkeiten, sind für ein Prozeßmanagement nicht relevant. Prozeßmanagement muß nur die Grobstruktur der Prozesse erarbeiten sowie alle prozeßinternen und -externen Schnittstellen. *Wie* letztendlich das Aktivitätsergebnis, der Output zustande kommt, ist nicht so wichtig; das *Wie* ist entscheidend, wenn eine Prozeßverbesserung durchgeführt wird, wenn Abläufe nach Refa-Methodik durchleuchtet und neu gestaltet werden. Dies sollte aber Bestandteil des späteren kontinuierlichen Verbesserungsprozesses sein.

> Wie das Resultat einer Aktivität zustande kommt, ist für die Prozeßstruktur sekundär.

Warum ist es sinnvoll, Prozeßrestrukturierung auf dieser Ebene durchzuführen?

> Es gibt viele Gründe, Prozeßrestrukturierung auf einer aggregierten Ebene durchzuführen.

- man kann sich auf das Wesentliche konzentrieren
- die Prozeßdokumentation bleibt handhabbar, übersichtlich und im Aufwand gering
- GPM-Spezialisten sind nicht zu lange gebunden
- die Prozeßmanagement-Projekte sind in kürzerer Zeit zu realisieren
- die Prozeßdokumentation ist bei durchgeführten Verbesserungsmaßnahmen nicht jedes Mal zu ändern
- die Dokumentation für DIN/ISO 9000ff wird

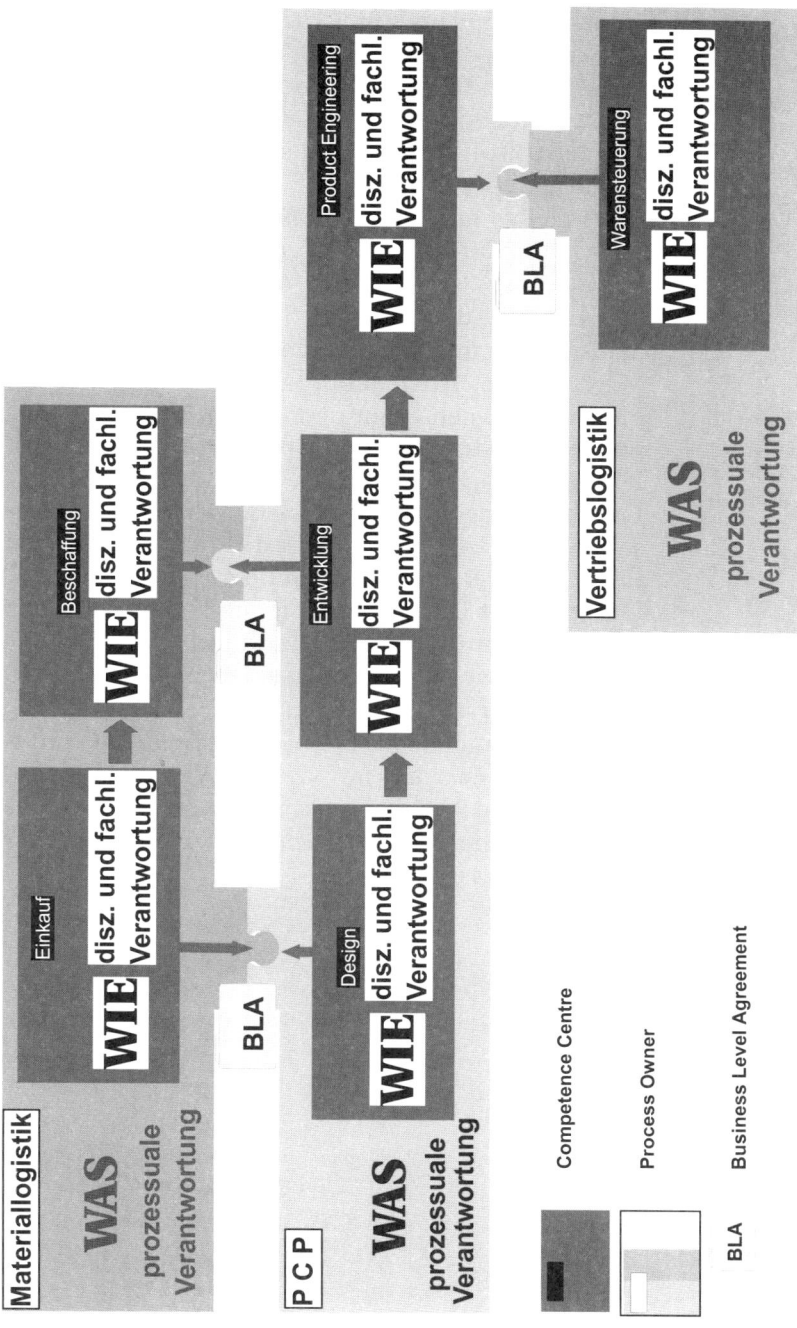

Abb. 5: Abgrenzung prozessualer und funktionaler Verantwortung

nicht redundant zur Prozeßdokumentation geführt, sondern ergänzt sie
- die aufwendige Restrukturierung ist nur im Falle relevanter Strategieänderungen zu wiederholen
- Standardsoftware ist einfacher zu konfigurieren und anzupassen
- es bleibt für die Prozeßmitarbeiter genügend Freiraum für Ideen und Verbesserungen

Wie läßt sich die „richtige" Detaillierung auf pragmatische Art und Weise finden?

Der richtige Detaillierungsgrad ist gar nicht so schwierig zu finden.

Jeder Prozeß, jeder Subprozeß, jede Aktivität hat mindestens einen Input und einen Output. Der **Input** einer Aktivität sind Informationen (Daten), Dienstleistungen, Produkte u. ä., die für ihre Durchführung erforderlich sind. Der Lieferant dieses Inputs kann entweder Bestandteil des gleichen Prozesses oder eines fremden Prozesses sein.

Der **Output** einer Aktivität sind Informationen (Daten), Dienstleistungen, Produkte u. ä., die entweder im gleichen und/oder in einem anderen Prozeß weiterverarbeitet werden.

Das Wissen um die bis hierher dargestellten Grundlagen reicht aus, um im weiteren Verlauf den Gesprächen und Diskussionen folgen zu können, die in unserem fiktiven Unternehmen während des Beispiel-Projekts erfolgen.

3 Projektvorbereitung

3.1 Bereitschaft zum Wandel

Die Umgestaltung eines Unternehmens setzt dessen Bereitschaft zum radikalen Wandel voraus. Wer das ignoriert, kann viel Geld „in den Sand setzen".

Produktionsleiter: „Sie wissen, daß ich prinzipiell nichts gegen gute Konzepte habe, auch nichts gegen GPM. Alles was uns von Kosten entlastet, und das sind in erster Linie Personalkosten, findet meine Unterstützung."

DV-Leiter: „Ich glaube, Sie interpretieren GPM nicht ganz richtig. GPM hat primär das Ziel, die Wettbewerbsfähigkeit des Unternehmens langfristig zu stärken."

Produktionsleiter: „Dazu brauchen wir nicht noch ein neues Programm, das war die vordringlichste Aufgabe der letzten Jahre! ,Total Quality Management' (TQM), zahllose Effizienzsteigerungsprojekte, DIN ISO 9000, unzählige Berater ... und jetzt noch GPM? Wir müssen endlich einmal wieder Ruhe in den Laden bringen und umsetzen, was wir angefangen haben!"

DV-Leiter: „Total Quality Management (TQM) und Geschäftsprozeß Management widersprechen sich nicht, sie konkurrieren auch nicht miteinander. So ist TQM in erster Linie eine Führungsmethode, die Qualität in den Mittelpunkt ihres Handelns stellt und durch Zufriedenstellung ihrer Kunden auf langfristigen Geschäftserfolg zielt. DIN ISO 9000ff hat die Sicherung der Qualität von Produkten und Prozessen zum Ziel, der optimierten Prozesse versteht sich. GPM hat den viel weitergehenden Anspruch, durch eine konsequente, ja teilweise radi-

---

Das Kapitel nennt die wichtigste „Hausaufgaben", die vor einer Restrukturierung der Prozesse gemacht werden müssen.

Für jedes Problem gibt es eine Lösung, die einfach, sauber und falsch ist.

Total Quality Management und Geschäftsprozeß Management widersprechen sich nicht. Sie konkurrieren auch nicht miteinander.

kal-prozeßorientierte Ausrichtung des Unternehmens, die Erfolgsfaktoren Qualität, Zeit und Kosten ganzheitlich zu verbessern. Exzellenz in Prozessen und damit ein Wettbewerbsvorsprung am Markt ist das Ziel dieser Methode.

> TQM ist eher eine Philosophie,
> GPM ist auch ein Instrument.

Produktionsleiter: „Radikale Veränderung – mehr Wettbewerbsfähigkeit – ohne Personalreduzierung? Das ist doch blauäugig. Die schnellste und sicherste Lösung ist immer noch die Reduzierung oder Verlagerung von Arbeitskräften. Wir müssen schließlich den Umsatz pro Produktionseinheit erhöhen, sonst sind wir im internationalen Wettbewerb nicht konkurrenzfähig. Nur ein bißchen an den Abläufen herumdoktern hilft uns wenig."

Ist Personalreduzierung und Arbeitsplatzverlagerung tatsächlich die einzige Lösung wieder wettbewerbsfähig zu werden?

DV-Leiter: „Natürlich sind auch bei GPM Personalreduzierungen in der Regel nicht zu vermeiden. Aber GPM macht transparent, **wo** Personal freigestellt werden kann, ohne die Effizienz zu gefährden. Das ist ein wichtiger Unterschied zur allgemein üblichen ‚Rasenmähermethode' vergangener Zeiten."

Produktionsleiter: „Vielleicht haben Sie recht, aber diese ‚Rasenmähermethode', wie Sie sie nennen, hat den Vorteil, daß schnell Kosten gespart werden, und wir haben keine Zeit, auf eventuell später eintreffende Erfolge zu warten."

Viele Gedenkminuten hätten durch Denkminuten vermieden werden können.
W. Eschler

DV-Leiter: „Das höre ich schon seit vielen Jahren. Wir müssen immer sofort Kosten sparen, wir müssen ohne langwierige Untersuchungen Arbeitskräfte abbauen, wir müssen die Produktion ins billige Ausland verlagern, wir stehen immer einen Schritt vor dem Abgrund. Ich sage Ihnen, wir müssen diesen Teufelskreis einmal durchbrechen! Wir müssen un-

Projektvorbereitung 35

ser Unternehmen in die Lage versetzen, permanent Qualität, Zeit und Kosten unserer Prozesse ‚im Griff' zu haben. Wie bei einem Ballon mit einem Leck, hilft das Abwerfen von Ballast nur kurzfristig, Höhe zu gewinnen oder zu halten. Über kurz oder lang wird der Ballon Bodenberührung haben. Im übertragenem Sinn: das Unternehmen verschwindet vom Markt, weil jedes Reduzieren von Mitarbeiterzahlen seine Grenzen hat. Wenn ich den Vergleich mit dem Ballon noch einmal bemühen darf: GPM stopft das Leck."

*Rationalisierung:
Du glaubst zu streichen, doch Du wirst gestrichen.*
W. Mitsch

Abb. 6: Die Grenzen der Rationalisierung

Produktionsleiter: „Nehmen wir einmal an, GPM ist tatsächlich so etwas fundamental Neues und wird unternehmensweit eingeführt. Glauben Sie, daß wir im Haus die richtigen Leute haben, um solch ein Projekt durchzuführen? Wenn ich nur an unseren Betriebsrat denke, der ja auch ein Wörtchen mitzureden hat!"

DV-Leiter: „Wir müssen **alle** Betroffenen **vorher** eingehend über GPM informieren, auch den Betriebsrat. Noch besser ist es, ihn in das Projekt mit einzubeziehen. Ausreichende Informationen schaffen Vertrauen und verhindern Unsicherheit und Ängste. Absehbare personelle Konsequenzen müssen diskutiert und geeignete Maßnahmen zur Abfederung sozialer Härten erarbeitet werden. Das betrifft nicht nur die operativ Tätigen, sondern auch – vielleicht sogar in erster Linie – das Management."

Mögliche personelle Veränderungen müssen vor dem Start eine GPM-Projekts mit allen Verantwortlichen besprochen werden.

Produktionsleiter: „Und diese Qualifizierungsmaßnahmen sollen neben dem Tagesgeschäft erledigt werden? Wann soll das geschehen, und vor allem, wer soll das bezahlen?"

DV-Leiter: „Im Gegensatz zu sporadischen Rationalisierungsprogrammen muß ein Unternehmen für GPM bereit sein. Bereit für radikale Veränderungen und langfristig angelegte Projekte. GPM lebt davon, daß alle am Prozeß Beteiligten aktiv am Erfolg mitarbeiten, daß sie unternehmerisch agieren. Das setzt Delegieren von Verantwortung, Zielvereinbarungen statt Zielvorgaben und einen genügend großen Entscheidungsspielraum für die operative Ebene voraus. Kontrollen und Vorgaben müssen sich auf ein unbedingtes Minimum beschränken."

Für GPM muß das Unternehmen bereit sein. Ohne diese Bereitschaft ist der Erfolg fraglich.

Produktionsleiter: „Haben Sie das schon einmal in der Praxis versucht? Verantwortung wollen alle, aber wenn sie sie tragen sollen, empfinden sie sie als Bedrohung. Ein Vorgesetzter ist für das Ergebnis seines Bereichs verantwortlich und nicht der Mitarbeiter. Also muß er sie auch überwachen."

Jeder will Verantwortung, aber wenn er sie bekommt, empfindet er sie als Bedrohung.

DV-Leiter: „Da bin ich anderer Meinung. Die Aufgaben der Führungskräfte werden in Zukunft anders sein müssen! Sie sind nicht mehr der Vorgesetzte, sondern der Coach. Nicht der Vorgesetzte allein, sagt 'wo es lang' geht, sondern alle am Prozeß Beteiligten bestimmen mit. Ein Manager zeichnet sich nicht mehr dadurch aus, daß er alles besser machen kann als seine Mitarbeiter, sondern durch par-

Die Aufgaben der Manager werden sich wandeln.

Projektvorbereitung

tizipatives Führungsverhalten und die Fähigkeit, seine Mitarbeiter zu motivieren, Höchstleistungen zugunsten des Unternehmens zu erbringen."

Produktionsleiter: „Das sind doch Floskeln aus der letzten Talkshow! Solche uneigennützigen Mitarbeiter gibt es ebenso wenig wie die von Ihnen beschriebenen, geradezu engelsgleichen Führungskräfte. Sie vergessen meiner Ansicht nach auch den täglichen Wettbewerb der Bereiche untereinander. Wer sollte Interesse daran haben, daß seine Anstrengungen den Erfolg seiner Kollegen erhöhen? Nach Ihrer Methode wären die Pyramiden niemals gebaut worden."

DV-Leiter: „GPM heißt, sich vom Bereichsdenken zu lösen und prozeßorientiert zu denken. Der Blick über Bereichsgrenzen und die bereichsübergreifende Zusammenarbeit ist gefragt. Echte Teamarbeit muß die Bereichsegoismen ersetzen. Prozeßverantwortlichkeit muß Bereichsverantwortlichkeit ergänzen."

Es gibt nur zwei Möglichkeiten: entweder ist man ein Teil des Problems oder ein Teil der Lösung. Letzteres ist vorzuziehen.
M. Gorbatschow

Produktionsleiter: „Ihr Optimismus ehrt Sie und er soll Ihnen auch erhalten bleiben. Ich aber werde immer pessimistischer, je länger ich mit Ihnen darüber rede. Verstehen Sie mich nicht falsch. Die Ziele von GPM werden langsam deutlicher, aber auch die Einsicht, daß in unserem Haus noch sehr viel geschehen muß, wenn wir uns an die Einführung von GPM wagen sollen."

DV-Leiter: „Das ist auch meine Meinung. Bereitschaft zum Wandel, also die Zustimmung zu einer radikalen Umorganisation des Unternehmens, ist sehr schwer und nur unter großen Opfern zu erreichen, sie muß aber vorhanden sein. Ist das nicht der Fall, soll man die Finger von GPM lassen und bei den tradierten Methoden bleiben."

Wer nicht mit **der** Zeit geht, **geht** mit der Zeit.

Die Gefahr, sehr viel Geld für wenig Nutzen auszugeben, ist enorm groß.

Bereitschaft zum Wandel muß vorhanden sein. Ohne diese Bereitschaft zum radikalen Wandel sollte man Re-Engineering-Projekte nicht in Angriff nehmen. Die Gefahr, sehr viel Geld für wenig Nutzen auszugeben, ist enorm groß. Aber wodurch erreicht man diese ‚Bereitschaft zum Wandel', und woran erkennt man sie?

Was geschah bisher, wenn Umsätze und Renditen zurückgingen?

- man reduziert das Personal, wobei man mit den unteren Lohngruppen beginnt
- man verlagert Arbeitsplätze in Billiglohnländer
- man kauft Leistung ein, statt sie selbst zu erbringen. Welche Konsequenzen das hat, erkennt man meist zu spät
- man engagiert externe Berater
- man ‚optimiert' die Fachbereiche, durch Eliminierung, Integration, Beschleunigung oder Automatisierung vorhandener ‚Prozesse'
- man verhängt Einkaufssperren
- man investiert weniger
- man reduziert soziale Leistungen, soweit möglich
- man plant die IT-Welt durch den Einkauf bewährter Standardsoftware

Effizienzsteigerungsprogramme, wie sie in der Vergangenheit üblich waren, schaffen keine langfristigen Erfolge.

Das können ohne Frage auch erfolgreiche Programme sein! Aber leider sind die erzielten Erfolge immer nur von kurzer Dauer. In enger werdenden Abständen wiederholen sich derartige „Effizienzsteigerungsprogramme" – wenn auch meist unter anderen Begriffen. Man reagiert, man agiert nicht.

Sind all diese Maßnahmen beim Prozeß-Management nicht mehr relevant? Selbstverständlich können alle genannten Maßnahmen auch bei GPM zum Tragen kommen, aber nur auf der Basis restrukturierter Prozesse! Zunächst muß dem Unternehmen durch eine Radikalkur wieder Wettbewerbsfähigkeit gegeben werden. Dies geschieht durch den Umbau des Unternehmens, durch Veränderung der Gestaltungsprinzipien und der systematischen

Projektvorbereitung

Entwicklung vorhandener Kernkompetenzen. Die strategische Entwicklung von Kernkompetenzen nimmt einen wesentlichen Raum ein. Kernkompetenzen? Sony hat seinen Erfolg auf der Fähigkeit zur Miniaturisierung aufgebaut, Honda auf dem Vermögen, besonders innovationsfähig bei Motoren zu sein, McDonald's ist exzellent in globaler Vermarktung, IKEA im preiswerten Realisieren von Trends, Beiersdorf im Prägen einer Markenphilosophie (Nivea).

GPM-Projekte sollten nur gestartet werden, wenn das Bewußtsein vorhanden ist, daß die eigene Wettbewerbsfähigkeit mit schmerzvollen Schritten, aber aus eigener Kraft wiedergewonnen werden kann! Und wenn diese Zielsetzung auch von allen mit Klarheit und Wahrheit verfolgt werden kann!

Das Bewußtsein daß die eigene Wettbewerbsfähigkeit aus eigener Kraft wiedererlangt werden kann, muß gegeben sein.

In einem wichtigen Punkt unterscheidet sich GPM von vielen Effizienzsteigerungsprogrammen: es verhindert die bisher üblichen Aktionen des prozentualen Kahlschlags, indem es aufzeigt, wo reduziert werden kann, ohne die Effizienz zu beeinträchtigen, und wo nicht. GPM setzt aber auch im Mittelmanagement an, durch die Delegation von Verantwortung auf operative Ebenen. Bereichsegoismen und die allseits bekannten "Platzhirsche" können in Frage gestellt werden, gewachsene Strukturen werden aufgelöst und neu überdacht. Die Personalproblematik verlagert sich auf höhere Ebenen, was die Lösung nicht einfacher macht. Große Problemfelder ergeben sich dadurch, daß die Qualifikation auf allen Ebenen nicht mehr den neuen Aufgaben entspricht. Prozesse sind künftig transparenter. Abgegrenztes Bereichswissen ist nicht mehr automatisch mit Macht gepaart. Weisungsbefugnisse und Kontrollen bestimmen nicht mehr die Stellung. Nicht jeder Mitarbeiter oder Manager kann oder will Neues hinzulernen und verliert deshalb seinen Arbeitsplatz. Dafür müssen Lösungsansätze diskutiert und gefunden werden, und das nicht erst nach Projektabschluß.

Die Personalproblematik verlagert sich auf höhere Ebenen. Das macht GPM nicht einfacher.

Die Datenverarbeitung ist in der Regel funktionsorientiert, auch wenn manche Softwareanbieter Gegenteiliges behaupten.

Eine weitere wichtige Voraussetzung für ein GPM-Projekt sind die finanziellen Ressourcen sowie die Bereitschaft zur Überarbeitung bzw. zum Neuentwurf der relevanten Informationssysteme. Die Datenverarbeitung ist in der Regel auch heute noch funktionsorientiert, auch wenn manche Software-Anbieter Gegenteiliges behaupten. Exzellente und präzise Prozesse lassen sich nur mit Hilfe prozeßorientierter Informationssysteme erreichen.

Was heißt dies im einzelnen? Vor dem Kick-off eines Prozeßmanagement-Projekts müssen folgende Voraussetzungen erfüllt sein:

▸ Detaillierte, aktionsorientierte Dokumentation der Unternehmensstrategien
▸ Übereinkunft, GPM unternehmensweit einzuführen, und Offenlegung der Ziele
▸ Bereitstellen der erforderlichen Ressourcen
▸ Kenntnis der wettbewerbskritischen Prozesse des Unternehmens
▸ Festlegung der künftigen Prozeß-Verantwortlichen
▸ Schaffung von „Bereitschaft zum Wandel" durch Information und Qualifizierungsmaßnahmen
▸ Vorhandensein eines in der Hierarchie hoch angesiedelten Sponsors für das Projekt
▸ Übereinstimmung über anzuwendende Vorgehensweise und Methoden

Ob ein Unternehmen bereit zum Wandel ist, erfordert ehrliche Antworten.

Wie erkennt man nun, ob das Unternehmen „Bereitschaft zum Wandel" besitzt? Die folgende Checkliste faßt eine Reihe von Merkmalen zusammen, die Hinweise auf den „Zustand" des Unternehmens zulassen! Sie wird gemeinsam von GPM-Berater, Bereichsmanager, Bereichsmitarbeiter und Prozeß-Verantwortlichen ausgefüllt.

Das Ergebnis dieser Situationsanalyse läßt die Aussage zu, ob das GPM-Projekt zum gegenwärtigen Zeitpunkt Aussicht auf Erfolg hat und welche Voraussetzungen ggf. noch zu schaffen sind. Werden

Projektvorbereitung

Checkliste 'Bereitschaft zum Wandel'
Readiness for Change'

Projekt:	Trifft weitgehend zu	Trifft teilweise zu	Trifft eher nicht zu
Geschäftsprozeß Management ist in allen Ebenen bekannt	0	1	2
Aus- und Weiterbildung ist geregelt und wird bedarfsgerecht angeboten und angenommen	0	1	2
Strategien, Ziele und Aufgaben sind definiert, bekannt und akzeptiert	0	1	2
Die Informationen Top-Down sind gut	0	1	2
Mitarbeiterführung durch Zielvorgaben (konkrete Aufträge)	2	1	0
Mitarbeiterführung durch Zielvereinbarungen	0	1	2
Strategien, Ziele und Aufgaben definieren primär die Führungskräfte	1	0	2
Das Verhältnis 'Führungskräfte zu operativ Tätigen' verschiebt sich zugunsten der Führungskräfte	2	1	0
Die Hauptaufgabe der Führungskräfte besteht aus Auftragsvorgabe, Kontrolle und Freigabe	2	1	0
Motivation und Engagement der Mitarbeiter ist groß	0	1	2
Mitarbeiter identifizieren sich mit ihrer Aufgabe	0	1	2
Die Qualifikation der Mitarbeiter ist anforderungsgerecht	0	1	2
Das Vertrauen in die Führungskräfte ist gegeben	0	1	2
Kritische Meinungen werden diskutiert und akzeptiert	0	1	2
Leistung wird honoriert	0	1	2
Aufgaben, Probleme und Möglichkeiten der anderen Fachbereiche sind bekannt	0	1	2
Bereichsübergreifende Abstimmungen sind die Regel	0	1	2
Die Qualität der benötigten Informationen, Daten und Produkte werden vom Lieferanten bestimmt	2	1	0
Teamarbeit ist Routine	0	1	2
Die meisten Probleme im Tagesgeschäft resultieren aus anderen Bereichen	2	1	0
Die Einflußmöglichkeiten auf andere Bereiche sind gegeben	0	1	2
Die Unterstützung durch Informationssysteme ist gut	0	1	2

Abb. 7: Checkliste „Bereitschaft zum Wandel"

mehr als 25 Punkte erreicht, ist die Chance einer erfolgreichen Restrukturierung gering.

Noch ein paar Sätze zu den Qualifizierungsmaßnahmen: Natürlich kann nicht jeder Mitarbeiter im Unternehmen wochenlang zu Schulungen geschickt werden, für die wichtigsten sollte das allerdings möglich gemacht werden. Für folgende Zielgruppen sind Informationsveranstaltungen vorzusehen:

Sparmaßnahmen bei den Qualifizierungsmaßnahmen rächen sich später.

- Geschäftsleitung
- involvierte Fachbereichs- und Abteilungsleiter
- involvierte Gruppenleiter und Sachbearbeiter

Dem oberen Management müssen die Ziele und Möglichkeiten von GPM komprimiert vorgestellt werden. Ein weiteres Thema sollte die Methode und Vorgehensweise der Projektabwicklung sein.

Das Mittelmanagement muß über GPM und die Art der Vorgehensweise des Projektteams, eingehend informiert werden.

Die operative Ebene hat den umfangreichsten Bedarf an Information.

Die untere Ebene hat den umfangreichsten Bedarf an Information. Zuerst muß auch hier GPM in all seinen Facetten erläutert werden. Dann muß die Methodik und Vorgehensweise eingehend erläutert werden. Ganz wichtig ist es, die tatsächlichen Ziele des Projekts sowie dessen Chancen und Risiken für jeden Einzelnen deutlich zu machen. Es muß dabei gelingen, Ängste abzubauen, Voreingenommenheiten zu entkräften und Mitarbeiter zu motivieren.

GPM hat enorme Auswirkungen auf das gesamte Unternehmen, und deshalb ist es auch sehr wichtig, daß alle Mitarbeiter wissen, was im Unternehmen geschieht. Es können sicher nicht alle auf einmal geschult werden, aber das ist auch gar nicht nötig. Man beginnt mit den unmittelbar Betroffenen und sorgt dafür, daß jeder entsprechend seiner Aufgabe die Informationen bekommt, die er benötigt. Für jede Zielgruppe müssen die Inhalte unterschiedlich aufbereitet werden.

Qualifizierungsmaßnahmen müssen zielgruppenorientiert angeboten werden.

Man muß sich natürlich bewußt sein, daß Schulungsmaßnahmen in dieser Konzentration und Breite professionell vorbereitet werden müssen. Das gilt sowohl für den Inhalt als auch für den Zeitpunkt. Generell ist die Wirkung des methodisch-didaktischen Konzepts, das gewählt wird, nicht zu unterschätzen.

Auch der Erfolg solcher Seminare ist nicht immer und bei jedermann zu erkennen. Qualifizierende Maßnahmen können sowohl bei den Zuhörern als auch bei den Referenten zunächst Frust verursachen. Der Grund dafür ist, daß das Thema GPM eine völlig neue Denkweise voraussetzt, die von den bisherigen Denkmustern und gemachten Erfahrungen abweicht. Erste Reaktion bei den Zuhörern: „... war alles schon einmal da, haben wir schon immer so gemacht, das stellt man sich in der Theorie so einfach vor..." und ähnliche Phrasen. Bei den Referenten und Moderatoren hat man den Eindruck: Die wollen nicht begreifen, die haben Angst um ihren Arbeitsplatz, die kapieren das nie, etc.

Der Erfolg von Qualifizierungsmaßnahmen ist nicht immer sofort erkennbar. Das Erlernte muß eingeübt werden.

Die Wahrheit ist, daß es außerordentlich schwierig ist, die Unterschiede zu den bisherigen Methoden der Rationalisierung herauszuarbeiten und deutlich zu machen. Hinzu kommt, daß die Bereitschaft zu Veränderungen bei den meisten Menschen fehlt. Es ist einfach bequemer, das Bekannte und Bewährte beizubehalten, vielleicht zu verbessern. Keinesfalls aber das Tradierte in Frage zu stellen oder gar abzuschaffen. Da hilft nur intensives Einüben der Lerninhalte und die ständige Auseinandersetzung mit dem Thema.

Die meisten Menschen haben Angst vor Veränderungen.

Aus unserer Erfahrung sollten folgende drei Grundsätze in der Schulungskonzeption beachtet werden:

❑ Wechsel von Theorie, Praxis und Reflexion: Grundlegendes Wissen über Prozeßmanagement läßt sich vormittags am besten vermitteln. Nachmittags kann das Erlernte anhand von eigenen Fällen oder Fallstudien eingeübt werden. Der Abend steht dann für einen Erfahrungsaustausch zur Verfügung.

*Qualifizierungs-
maßnahmen müssen
professionell
vorbereitet und
durchgeführt
werden.*

❏ Wechsel von Plenums- und Gruppenarbeit:
Typischerweise werden die Wissensgrundlagen im Plenum vorgetragen, die Beschäftigung mit Fallstudien ermöglicht die Bildung von Kleingruppen, in denen jeder einzelne an den Aktionen teilnehmen muß.

❏ Gemeinsame Erarbeitung der Ergebnisse:
Lehrgespräche statt Vorlesungen, Eigenaktivität bei der Formulierung der Ergebnisse und, zumindest teilweise, Hausaufgaben führen die Teilnehmer Schritt für Schritt an die neuen Denk- und Handlungsweisen heran.

Ein detailliertes Konzept für eine derartige Schulungsmaßnahme muß sinnvollerweise unternehmens- und zielgruppenspezifisch ausgearbeitet werden. Folgendes Beispiel skizziert dennoch die generellen Bausteine:

Geschäftsprozeß Management – eine Chance für unser Unternehmen

*Das „Umschalten"
auf neue Denk- und
Handlungsweisen ist
der schwierigste Teil
bei GPM.*

❏ Block 1: Prozeßdenken
  – *Theorie: Was ist GPM? Was unterscheidet GPM von den tradierten Methoden?*
  – *Risiken und Chancen eines radikalen Ansatzes*
  – *Übung: Rollenspiel. Teilnehmer wechseln ihre Rollen und versuchen den übernommenen Part zu karikieren.*

❏ Block 2: Prozeßdarstellung
  – *Theorie: Unternehmensprozesse, Start und Ende, Inhalte, Analysemethoden, Dokumentation*
  – *Übung: Dokumentation an eigenen Beispielen*

❏ Block 3: Leistungsmeßgrößen
  – *Theorie: Identifikation und Installation von Meßgrößen, Business Level Agreements*
  – *Übung: Erstellen von Business Level Agreements (Detaillierungsgrad und Verhandlungsprozeß)*

Projektvorbereitung

❑ Block 4: Die lernende Organisation
  - *Theorie: Grundprinzipien, Wer lernt wie? (Führung vs. Ausführung), Instrumente (Zielvereinbarung, Anreizsysteme)*
  - *Übung: Das Zielvereinbarungsgespräch*

Parallel dazu muß mit dem Bereich Personalentwicklung eine Seminarreihe vereinbart werden, die alle genannten Seminare als freiwillige Weiterbildung anbietet.

3.2 Mit welchen Prozessen sollte man anfangen?

Das Kapitel verdeutlicht, wie wichtig, aber auch wie schwierig die Identifikation und Definition der „richtigen" Prozesse eines Unternehmens sind. Hat man diese Hürde genommen ist die Frage nach dem Anfang nicht mehr schwierig.

DV-Leiter: „Was Prozeßmanagement für das Unternehmen bringen kann, habe ich ja bereits im Rahmen der Studie beschrieben. Nun geht es darum, konkret zu werden! Wir müssen uns überlegen, wo und wie wir beginnen, wer das Projekt durchführt, welche Vorgehensweise empfohlen wird, wie lange es dauert und was es kostet."

Produktionsleiter: „Bis jetzt hat man jedes Projekt durchbekommen, wenn sich als Nutzen eine genügend große Zahl von Personaleinsparungen nachweisen ließ."

DV-Leiter: „Bitte nicht schon wieder! Die Geschäftsleitung ist GPM gegenüber immer noch kritisch, aber positiv eingestellt. Unser Vorschlag muß deshalb der Geschäftsleitung und damit dem potentiellen Auftraggeber verdeutlichen, welche Voraussetzungen für ein derartiges Projekt zu schaffen sind, welcher Aufwand damit verbunden ist, vor allem welcher Nutzen erreichbar scheint und welche Risiken bestehen! Unsere Vorstandspräsentation muß deshalb so gut sein, daß wir den Auftrag zur

Wenn genügend Kosteneinsparungen errechnet werden, wird jedes Projekt genehmigt.

unternehmensweiten Einführung von GPM auch tatsächlich bekommen."

Der pragmatische Ansatz heißt: anfangen! Später lösen sich die Probleme ganz von selbst.

Produktionsleiter: „Welche Voraussetzungen? Die einzige Voraussetzung ist, daß wir möglichst schnell beginnen! Wenn wir warten bis sich die immer noch vorhandene Lobby gegen das GPM-Projekt wieder formiert hat, ist es aus damit! Es war doch schon immer so: wenn man einmal begonnen hat, regeln sich die Dinge ganz von selbst und..."

DV-Leiter: „... genau das. Erst einmal springen und dann die Wasserhöhe überprüfen. Nein, wir müssen alle wichtigen Prozesse des Unternehmens vor Projektbeginn identifizieren und definieren, und wenn das klar ist, muß entschieden werden, mit welchen Prozessen wir beginnen."

Es gibt in den Verwaltungsbereichen eine Menge Leute, die nicht wissen, was sie tun sollen.

Produktionsleiter: „Mit allen natürlich! Überall gibt es was zu verbessern, deshalb sollten wir keinen Bereich ausnehmen. Schon gar nicht die Bürokraten in der Personalabteilung oder Buchhaltung."

DV-Leiter: „Ob das gesamte Unternehmen reorganisiert werden muß, stelle ich in Frage. Es gibt sicher Bereiche bzw. Prozesse, die für das Unternehmen nicht wettbewerbskritisch sind und/oder bei denen der Aufwand den erzielbaren Nutzen nicht rechtfertigt. Eine andere Frage ist ja vielleicht noch wichtiger. Wer legt die Prozesse unseres Unternehmens fest, und wer entscheidet, mit welchem begonnen wird?"

Produktionsleiter: „Es gibt doch Organigramme und damit sind die Prozesse definiert. Beginnen sollten wir mit dem Prozeß, bei dem am meisten zu holen ist."

DV-Leiter: „Natürlich können wir die heutige Prozeßstruktur dokumentieren. Wer entscheidet aber,

Projektvorbereitung

ob die heutigen Prozesse auch noch die neuen sein werden? Wenn ich GPM richtig interpretiere, dann soll das Unternehmen restrukturiert, also neu ausgerichtet werden. Die heutige Struktur und die wahrgenommenen Aufgaben sind deshalb keine Basis für GPM. Die Organigramme sollten wir deshalb nach dem GPM-Projekt neu zeichnen und den Prozeß mit der höchsten Priorität sollten wir die Geschäftsleitung bestimmen lassen."

Prozeßmanagement auf der Basis der alten Strukturen? Ist das wirklich sinnvoll?

Wo seine Kernkompetenzen liegen, wie es sich dem Wettbewerb stellt und wie es seine Stärken nutzt und seine Schwächen kompensiert, ist für jedes Unternehmen entscheidend! Hierin besteht die unternehmensindividuelle Visitenkarte, der Daumenabdruck, an dem sich erfolgreiche von weniger erfolgreichen Unternehmen unterscheiden. Aus diesem Grund muß man sich vor standardisierten Prozeßmustern hüten, die sich bereits anderswo bewährt haben sollen, und die einem vorgaukeln, man könnte auf einen Schlag eine exzellente Prozeßstruktur erwerben und einführen. Wäre dies so, dann gäbe es mittelfristig keine Wettbewerbsvorteile einzelner Unternehmen mehr, zumindest nicht aus der Kombination interner Ressourcen heraus.

Je präziser die Kernkompetenzen analysiert und definiert werden, desto wahrscheinlicher ist ein erfolgreicher Abschluß des GPM-Projekts.

Ohne Zweifel gibt es in vielen Unternehmen ähnliche Prozesse. Die Frage muß aber lauten, wie findet man die für das eigene Unternehmen wettbewerbskritischen Prozesse? Eine Hilfestellung bietet dabei die Besinnung auf die Kunden des Unternehmens! Welche Leistungen und welche dahinterliegenden Prozesse sind für den Kunden im Vergleich zu den Wettbewerbern entscheidend? Welche Prozesse wettbewerbsentscheidend sind und mit welchem Prozeß begonnen werden soll, muß für jedes Unternehmen spezifisch erarbeitet werden:

Fragen Sie, was Ihre Kunden von Ihrem Unternehmen erwarten.

❑ *Schritt 1:* Formulieren der Kernkompetenzen des Unternehmens!
  Beispiel 1: Haase & Co. besitzt die Kernkompe-

Erarbeiten Sie, was Ihr Unternehmen tatsächlich besser beherrscht als Ihre Mitbewerber.

tenz, technisch komplexe Investitions- bzw. Gebrauchsgüter mit hoher Typenvielfalt zu entwickeln und herzustellen.
Beispiel 2: Haase & Co. besitzt die Kernkompetenz, vielfältige elektronische Komponenten zu integrieren und dem Anwender durch eine bedienungsfreundliche Oberfläche zu erschließen!

Analysieren Sie, wo Ihre künftigen Chancen am Markt liegen können.

❏ *Schritt 2:* Bewertung der Prozesse nach ihrem Beitrag zur Entwicklung der Kernkompetenzen und Kundenbedeutung!
Im Beispiel von Haase & Co. sind die Geschäftsprozesse in einem Diagramm abgetragen, das von den Achsen „Bedeutung der Prozeßleistung für den Kunden des Unternehmens" und „Be-

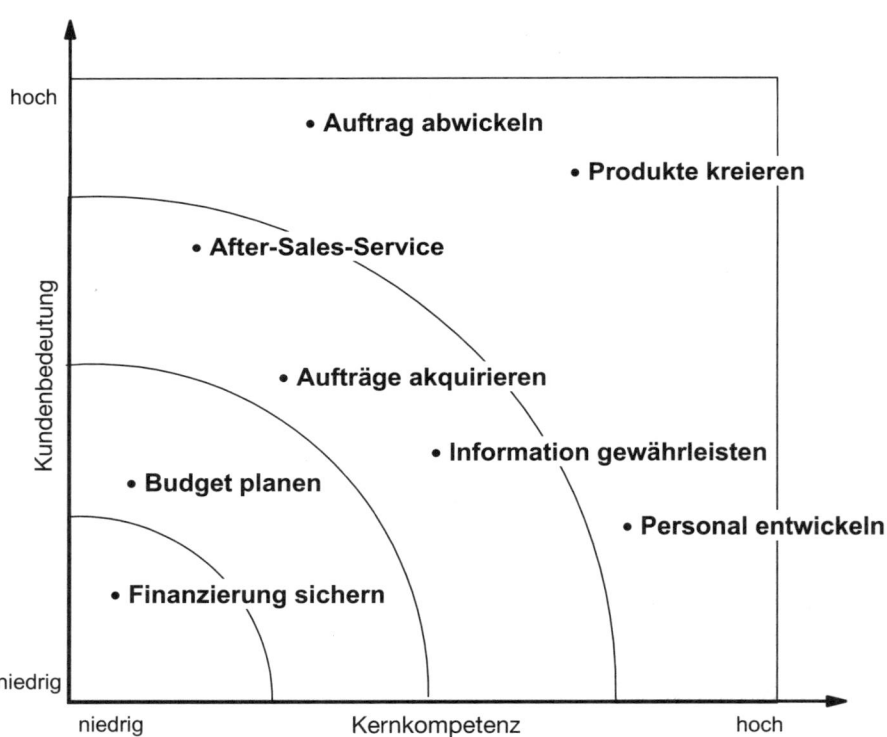

Abb. 8: Bedeutung der Prozeßleistung für die Kunden des Unternehmens

Projektvorbereitung

deutung der Prozesse für die Entwicklung der unternehmensspezifischen Kernkompetenzen" aufgespannt wird! Als Kunden des Unternehmens sind in diesem Fall die verschiedenen Handelskanäle verstanden worden. In anderer Situation ist es genauso denkbar, tatsächliche Endabnehmer ins Kalkül zu ziehen.

Hintergrund der Wahl dieser beiden Dimensionen ist es, einerseits die marktseitigen Anforderungen und Impulse zu berücksichtigen, andererseits aber die internen Ressourcen und deren strategische Verstärkung einzubeziehen.

❑ *Schritt 3:* Priorisieren wettbewerbskritischer Prozesse!
Im Regelfall sind mehrere Prozesse als wettbewerbskritisch anzusehen. Die personelle und ressourcenmäßige Ausstattung ist begrenzt. Aus diesem Grund müssen die potentiellen GPM-Projekte priorisiert werden. Es bietet sich an, die Priorisierung an das bewirkbare Veränderungspotential des Prozesses zu koppeln.
In einem Priorisierungprofil werden mehrere Hauptfaktoren und ihre Nebenfaktoren anhand einer Zehn-Punkte-Skala normiert und bewertet. Durch die Aufgliederung der Hauptfaktoren in Nebenfaktoren lassen sich Varianzen innerhalb einer Gruppe berücksichtigen, dennoch ergibt sich eine übergeordnete Einschätzung.

Welche Prozesse sind für das Unternehmen tatsächlich wettbewerbskritisch?

Aber bedeutet Prozeßrestrukturierung nicht, daß das gesamte Unternehmen, alle Prozesse, auf einmal einbezogen werden? Sollten beim Prozeßmanagement wirklich Kapazitätsengpässe ausschlaggebend sein? Theoretisch läßt sich sicherlich der größte Nutzen erzielen, wenn das ganze Unternehmen auf einmal restrukturiert wird! Aber ist so ein Projekt tatsächlich erfolgreich durchzuführen? Die Beschränkung auf einzelne Prozesse dient deshalb in erster Linie dazu, Realisierbarkeit zu erreichen! Die

Sind mehrere Prozesse wettbewerbskritisch, sind die GPM-Projekte zu priorisieren.

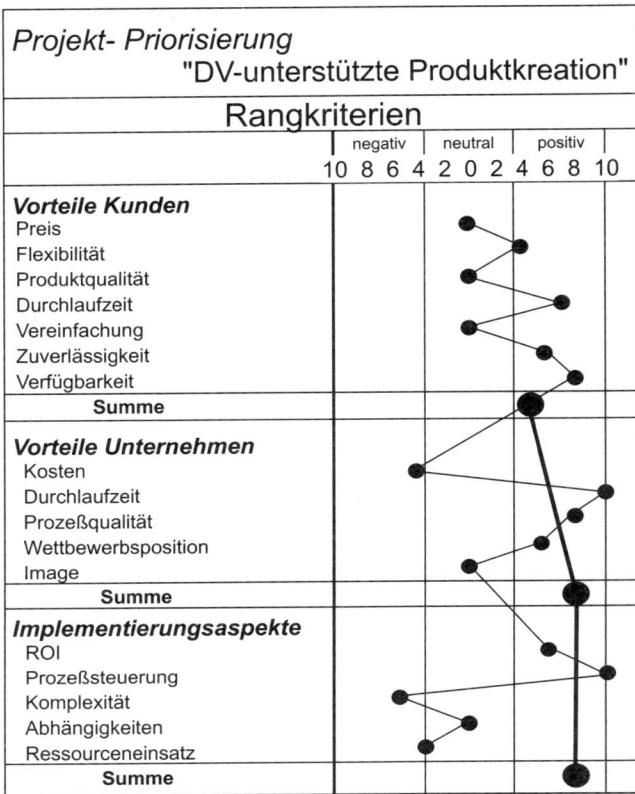

Abb. 9: Projekt-Priorisierung

Ausrichtung nur *eines* wettbewerbskritischen Prozesses ist wenig sinnvoll, nicht nur weil der insgesamt erreichbare Nutzen verschwendet wird, sondern weil funktionsorientierte Bereiche und kundenorientiert ausgerichtete Prozesse nicht miteinander harmonieren: Die Organisation ist dann – wie heißt es so schön: weder Fisch noch Fleisch!

Projektvorbereitung

3.3 Brauchen wir Berater?

> In diesem Kapitel taucht erstmalig der Projektleiter, Herr Proman auf.

Die Frage, ob ein derartiges Projekt mit oder ohne Berater durchgeführt werden soll, wird beantwortet.

Herr Proman: „Von meiner Berufung zum Leiter des GPM-Projekts haben Sie sicher schon gehört. Da Sie einen wesentlichen Anteil daran haben, sind Sie auch der Erste, mit dem ich die künftige Vorgehensweise besprechen möchte. Welche Vorstellungen haben Sie, ein solches Projekt abzuwickeln?"

DV-Leiter: „Ich habe ursprünglich dafür plädiert, das Projekt in meinem Bereich anzusiedeln, es gibt aber offensichtlich Gründe, die in den Augen meiner werten Kollegen dagegen sprechen:

- der Aufgabenstau im Informatikbereich,
- die größere Akzeptanz des Projekts, wenn es im Verantwortungsbereich der Fachbereiche bleibt,
- das Mißtrauen einem Bereich gegenüber, der bisher stets mit Rationalisierungprojekten betraut war,
- die Angst, daß die IT-Kosten weiter steigen und
- vermutlich auch das latente Mißtrauen einem Bereich gegenüber, der nur schwer durchschaubar ist und der in der Vergangenheit in den Augen seiner Kunden nicht gerade als besonders kundenorientiert eingestuft wurde.

Die Situation im und mit dem Informatikbereich ist in fast jedem Unternehmen gleich.

Wir brauchen das aber alles nicht mehr zu diskutieren, es wurde so entschieden und ich habe es akzeptiert. Eine Forderung habe ich aber: der Informatikbereich muß dem Projektteam angehören!"

Ohne jeden Zweifel muß der Informatikbereich in das GPM-Projekt eingebunden werden.

Herr Proman: „Ich wollte Sie auf alle Fälle bitten, mir einen Mitarbeiter abzustellen, der die notwendige Voraussetzung mitbringt. Um keine Mißverständnisse aufkommen zu lassen, auch ich neige zu der Ansicht, daß ein derartiges Projekt von den

Fachbereichen getragen wird, sie sind es ja letztendlich, die den Prozeß mit Leben erfüllen müssen."

GPM kommt gerade richtig, um die Prozesse der Software anzupassen?

DV-Leiter: „Das ist schon richtig, aber wie Sie wissen, wollen wir im Unternehmen Standardsoftware einführen. Da käme GPM gerade richtig, um die Prozesse der neuen Software anzupassen. Wir sind uns ja sicher einig, daß sich eine Modifikation der Standardsoftware aus wirtschaftlichen Gründen verbietet. Und da wir mit der Implementierung beauftragt sind, wäre es doch geradezu ideal, beide Projekte in einer Hand zu haben."

Herr Proman: „Ich habe zu wenig Erfahrung mit GPM, um Ihnen jetzt alle Argumente zu nennen, die gegen eine Projektleitung des Informatikbereichs sprechen. Aber ein wichtiger Aspekt scheint mir zu sein, daß der Prozeß im Vordergrund steht und Informationssysteme die Aufgabe haben, ihn zu unterstützen. Das heißt nach meinem Verständnis, zuerst der Prozeß und dann das Informationssystem."

DV-Leiter: „Ich sehe hier die Gefahr, daß Prozesse erarbeitet werden, die von den Programmen dann nicht vernünftig unterstützt werden können. In meinen Augen ist es der falsche Weg, wenn der Informatikbereich von der Prozeßgestaltung ausgeschlossen ist."

Es ist gefährlich, wenn Informationstechnologie vor Kundennutzen kommt

Herr Proman: „Das ist auch meine Überzeugung. Der Informatikbereich wird rechtzeitig und umfassend in das Projekt eingebunden. Das muß aber nicht heißen, daß der Prozeß nur den Möglichkeiten der IT genügen muß."

DV-Leiter: „Wenn wir im Projekt involviert sind, kann ich damit leben, daß die Projektleitung bei den Fachbereichen liegt. Sie können auf meine Unterstützung rechnen."

Projektvorbereitung

Herr Proman: „Haben Sie in Ihrem Bereich GPM-Erfahrungen? Wenn nicht, können Sie mir einen externen Berater empfehlen, der diese Erfahrungen hat?"

DV-Leiter: „Ich glaube schon, daß ich da jemanden kenne. Das Beratungshaus SCP hat schon vor einiger Zeit bei mir angefragt, ob GPM bei uns ein Thema ist. Hier haben Sie die Visitenkarte einer Frau Dr. Seitz, von der ich weiß, daß sie bereits GPM-Projekte durchgeführt hat. Setzen Sie sich mit ihr in Verbindung, und prüfen Sie, ob sie für Ihr Projekt in Frage kommt."

Bevor ein Berater engagiert wird, sollte geklärt werden, welchen Beitrag dieser leisten soll. Das Spektrum von Beratungsleistungen reicht von methodischer Unterstützung bis zur vollständigen Projektdurchführung; von der bereichsweisen Prozeßoptimierung bis hin zur strategischen Ausrichtung des Gesamtunternehmens.

Lange und gute Beziehungen zu Beratungshäusern sind sicherlich ein Kriterium für die Auswahl des externen Projektpartners, aber im Vordergrund sollte seine Kompetenz für den spezifischen Anwendungsfall stehen. Machen Sie sich zunächst klar, welches Know-how in Ihrem Hause bereits vorhanden ist.

Folgende Fragen können dabei helfen:

Welchen Beitrag soll der Berater leisten? Diese Frage muß zuerst gestellt werden.

- Sind Interview-, Analysetechniken etc. zur Organisationsgestaltung bekannt oder bereits erprobt?
- Wird über Instrumente zur Formulierung von Strategien (Portfoliotechnik, Szenario-Analyse etc.) verfügt?
- Ist Fachwissen über innovative Lösungen in den betrachteten Prozessen vorhanden (z. B. Techniken wie QFD, FMEA, etc.)
- Handelt es sich um eine Prozeßoptimierung im

Es ist erfolgsentscheidend den „richtigen" Berater zu verpflichten.

Vorfeld einer Standardsoftware-Einführung, handelt es sich um ein Rationalisierungsprojekt oder um die tatsächliche Neuausrichtung von Geschäftsprozessen?

▸ Ist es ein einzelnes Projekt oder ein Projekt im Rahmen einer gesamten Neuausrichtung des Unternehmens?

▸ Wie hoch ist die Wahrscheinlichkeit einer Umsetzung?

Berater können drei Rollen ausfüllen, je nachdem, welches Selbstverständnis sie von sich selbst haben, aber auch in Abhängigkeit davon, welche Erwartungen die Klienten an sie stellen[3].

> Das Einzige, was noch schlimmer ist als Experten, sind Leute, die sich dafür halten.

❏ **Der Berater als Experte**
Kann der Klient sein Problem klar definieren, und kann er eine konkrete Frage formulieren, so wie ein Kind fragt: „Zeigst Du mir, wie ich meine Mathematik-Hausaufgabe lösen kann?", dann ist ein Berater zu Rate zu ziehen, um die richtige Antwort zu erhalten.

❏ **Der Berater als Arzt**
Läßt sich das Problem vom Klienten nicht eindeutig beschreiben, ist bei ihm aber ein „Bauchgefühl" vorhanden, das ihm Unbehagen bereitet, so wird er sich an jemanden wenden, der untersucht, Tests durchführt, eine Diagnose erstellt und schließlich ein Heilverfahren vorschlägt. Um bei dem Bild zu bleiben: Das Kind beklagt sich bei seinen Eltern, daß es die Hausaufgaben nicht schafft und nicht weiß warum!

> Die Verpflichtung eines Beraters als Problemfinder und -löser ist sicher die teuerste. Sie setzt großes Vertrauen in die Kompetenz des Beraters voraus.

❏ **Der Berater als Partner**
In den beiden vorstehend beschriebenen Rollen hat der Berater das Problem jeweils vom Klien-

---

[3] vgl. Schein, Edgar H. (1989) Process Consultation as a General Philosophy of Helping, Sloan School of Management.

Projektvorbereitung

ten übernommen. Der Klient ist damit in der Position, in Ruhe abwarten zu können, welche Empfehlungen der Berater gibt, und in der Lage, sich von der Lösung distanzieren zu können, wenn diese aus irgendwelchen Gründen nicht gewollt ist. „Berater als Partner" dagegen bedeutet, die Probleme gemeinsam zu behandeln, zu diagnostizieren, Lösungsvorschläge zu erarbeiten und umzusetzen. Der Berater muß seinem Klienten helfen zu lernen, wie man lernt.

Die Verpflichtung eines Beraters als Partner setzt eigene Kompetenz voraus.

Welche Rolle in welcher Situation nützt, ist verhältnismäßig schnell herauszufinden. Herauszufinden, welche Rolle die einzelne Beratungsfirma besetzen will und kann, dazu bedarf es einer scharfen Beobachtungsgabe und intensiver Nachforschungen.

4 Projektauftrag und Projektmanagement

4.1 Welche personellen Voraussetzungen benötigt man?

Daß GPM-Projekte nur im Rahmen eines Projektmanagements realisiert werden sollten, ist unbestritten. Die Auswahl der „richtigen" Projektmitarbeiter ist dabei ein kritischer Erfolgsfaktor für das Projekt.

Herr Proman: „Ich habe mich zwischenzeitlich mit meiner künftigen Aufgabe als GPM-Projektleiter vertraut gemacht. Auch habe ich mit dem von Ihnen empfohlenen Beratungshaus Kontakt aufgenommen und einen sehr guten Eindruck gewonnen. Die Firma SCP hat mir auch Referenzkunden benannt, die ich in den letzten Tagen besucht habe. Mit einer Ausnahme waren alle Firmen mit SCP zufrieden, was natürlich keine Garantie für unsere Aufgabe darstellt. Was ich von den einzelnen Projekten gehört habe, war sehr unterschiedlich, aber nicht 1:1 auf unsere Situation übertragbar. Trotzdem habe ich mit den dort verantwortlichen Damen und Herren einen Erfahrungsaustausch vereinbart.

Da ich nun schnellstens mit dem Projekt beginnen möchte, habe ich Sie gebeten, die Projektorganisation mit mir zu besprechen und abzustimmen."

> Die Projektorganisation ist ebenso wichtig wie der Projektauftrag selbst.

DV-Leiter: „Wir haben im Management-Komitee über die Bereitschaft unseres Unternehmens zum Wandel heiß diskutiert. Am Ende waren wir der Meinung, daß wir die Voraussetzungen erfüllen können. Es kann also begonnen werden. Ihrem Wunsch, die Projektorganisation gemeinsam festzulegen, kommen ich und Herr Faust gerne nach. Überlegen wir uns einmal gemeinsam, wie der Projektauftrag aussehen muß, wie das Projektteam aussehen könnte, und welche anderen Maßnahmen noch dazugehören."

Projektauftrag und Projektmanagement

Produktionsleiter: „Als Pragmatiker halte ich nichts von theoretischen Plänen, die in der Praxis nicht umgesetzt werden können. Die Geschäftsleitung will das Projekt, und wir sollen es durchboxen. Was gibt es da noch zu organisieren?"

Vermeiden Sie die „Schüsse aus der Hüfte"; die Trefferquote ist gering.

DV-Leiter: „Ein Projekt dieser Tragweite kann nicht improvisiert werden. Es müssen vorher die dafür erforderlichen Ressourcen bereitgestellt werden, und dazu gehören auch die **richtigen** *Mitarbeiter*."

Herr Proman: „Das ist auch mein Anliegen. Nach allem, was ich bisher weiß, sind qualifizierte und engagierte Mitarbeiter das ‚A' und ‚O' eines derartigen Projekts."

Produktionsleiter: Wir haben einen Projektleiter im Unternehmen gefunden, wir werden auch noch die Projektmitarbeiter finden! Wenn es Schwierigkeiten gibt, werden sie einfach aus den Fachbereichen abgezogen, that's it! Und dann brauchen wir jemand, der den Leuten in den ‚Allerwertesten' tritt, wenn es nicht vorangeht. Das ist Praxis!"

Die Zusammenstellung des Projektteams „nach Gutsherrenart" ist nicht empfehlenswert.

Herr Proman: „Das ist vielleicht die Praxis, aber sicher nicht die Basis, um GPM erfolgreich einzuführen. Ein derartiges Projekt erfordert eine qualifizierte Mannschaft, die das Projekt zielorientiert durchführen und die betroffenen Mitarbeiter überzeugen und motivieren kann. Für diese Art von Projektarbeit bin ich nicht zu haben und sicher auch kein qualifizierter Mitarbeiter."

Produktionsleiter: „Ich habe vielleicht etwas überzeichnet, aber Erfolge entstehen meiner Meinung nach nur durch Druck. Aber wie Sie wollen, benennen wir also die Projektmitarbeiter. Wer kommt dafür in Frage? Passen Sie auf, daß Ihnen nicht nur die „Abkömmlichen" genannt werden, denn das sind im Regelfall die falschen!"

Passen Sie auf, daß nicht nur die „Abkömmlichen" für das Projekt benannt werden.

DV-Leiter: "Ich will Herrn Proman nicht vorgreifen, aber ich glaube, er will sich seine Mitarbeiter selbst aussuchen, mit denen er das Projekt zum Erfolg führen soll."

Herr Proman: „Ich bin für Vorschläge natürlich dankbar, da ich nicht alle Mitarbeiter kenne, die dafür in Frage kommen. Aber die letzte Entscheidung möchte ich schon haben. Ich schlage vor, daß wir eine allgemeine Ausschreibung machen und aus den eingehenden Bewerbungen werde ich gemeinsam mit den verantwortlichen Bereichsleitern das Team zusammenstellen."

Produktionsleiter: „Keine Einwände. Haben wir überhaupt solche Leute in unseren Reihen?"

DV-Leiter: „Wir müssen uns vermutlich das fehlende Wissen über Prozeßmanagement von externen Beratern holen."

Wenn sich die Berater „die Klinke in die Hand geben", zeugt das von Inkompetenz der Auftraggeber. Wenn Berater gezielt eingesetzt werden, von Kompetenz.

Produktionsleiter: „Schon wieder Berater, die außer enormen Kosten nichts bringen. Wieviele Berater hatten wir schon in den letzten Jahren? Was haben sie denn gebracht? Warum sitzen wir jetzt trotzdem zusammen, um das Unternehmen wieder wettbewerbsfähiger zu machen?"

DV-Leiter: „War das immer die Schuld der Berater? Das glaube ich nicht. Aber lassen wir das Wühlen in vergangenen Zeiten. Wir haben nicht ausreichend Erfahrung mit GPM und brauchen deshalb externe Hilfe. Da gebe ich Herrn Proman recht. Wichtig ist nur, daß wir das externe Wissen auch in unser Unternehmen transferieren."

Der Projektlenkungsausschuß ist nur eine Ansammlung inkompetenter Personen!?

Herr Proman: „Das Projektteam braucht auch einen Projektlenkungsausschuß, der für die Bereitstellung der erforderlichen Ressourcen sorgt, im Bedarfsfall bindende Entscheidungen trifft und während der gesamten Projektzeit für alle sichtbar hinter dem Projekt steht. Dann sollten wir einen Mitarbeiter aufbauen, der künftig in den Fachbereichen ähnliche Projekte unterstützt."

Produktionsleiter: „Wieder ein Ausschuß, in dem Leute sitzen, die keine Ahnung haben, aber alles besser wissen. Der Bürokratie sind offensichtlich keine Grenzen gesetzt."

DV-Leiter: „Wenn die richtigen Leute im Ausschuß sitzen und ihre Aufgaben fest umrissen sind, ist die Gefahr eines Debattierklubs gering. Aber ohne Lenkungsausschuß ist die Gefahr zu groß, daß sich die Verantwortlichen aus der Verantwortung stehlen. Und was noch wichtig ist: im Bedarfsfall muß jemand eine Entscheidung treffen, wenn im Projektteam keine Einigung erzielt werden kann."

Komplexität und Aufwand derartiger Projekte setzen eine Realisierung nach Projektmanagement-Methoden voraus. Der erste Schritt dazu ist eine schlagkräftige Projektorganisation, wie sie in der nächsten Abbildung beispielhaft dargestellt ist.
Es wurde schon erwähnt, daß die *richtige* Personalauswahl von ausschlaggebender Bedeutung für das Gelingen eines GPM-Projekts ist. Es ist nicht nur die Qualifikation für eine bestimmte Aufgabe, es müssen weitere Eigenschaften hinzukommen, wie Akzeptanz im Unternehmen, Auftreten, Glaubwürdigkeit, Überzeugungsfähigkeit, die Art Konflikte zu bewältigen oder andere zu motivieren. Nachstehend werden die wichtigsten Anforderungen angegeben. Es wird dabei auf die Nennung von Begriffen wie *Ausbildung, Alter, Fachrichtung* verzichtet, weil die Erfüllung der Anforderungen weit wichtiger sind, als Zeugnisse, Geschlecht, Alter und Titel. GPM-Projekte als **Gesamtauftrag an fremde Dritte**, also Berater zu vergeben, kann zwar akuten Personalmangel vordergründig beheben, mittelfri-

GPM-Projekte ohne Projektmanagement durchzuführen, ist wie ein Flug ohne Navigationssystem. Das Ende ist ungewiß.

Das GPM-Projekt als Auftrag an fremde Dritte zu vergeben, kann akuten Personalmangel nur vordergründig beheben.

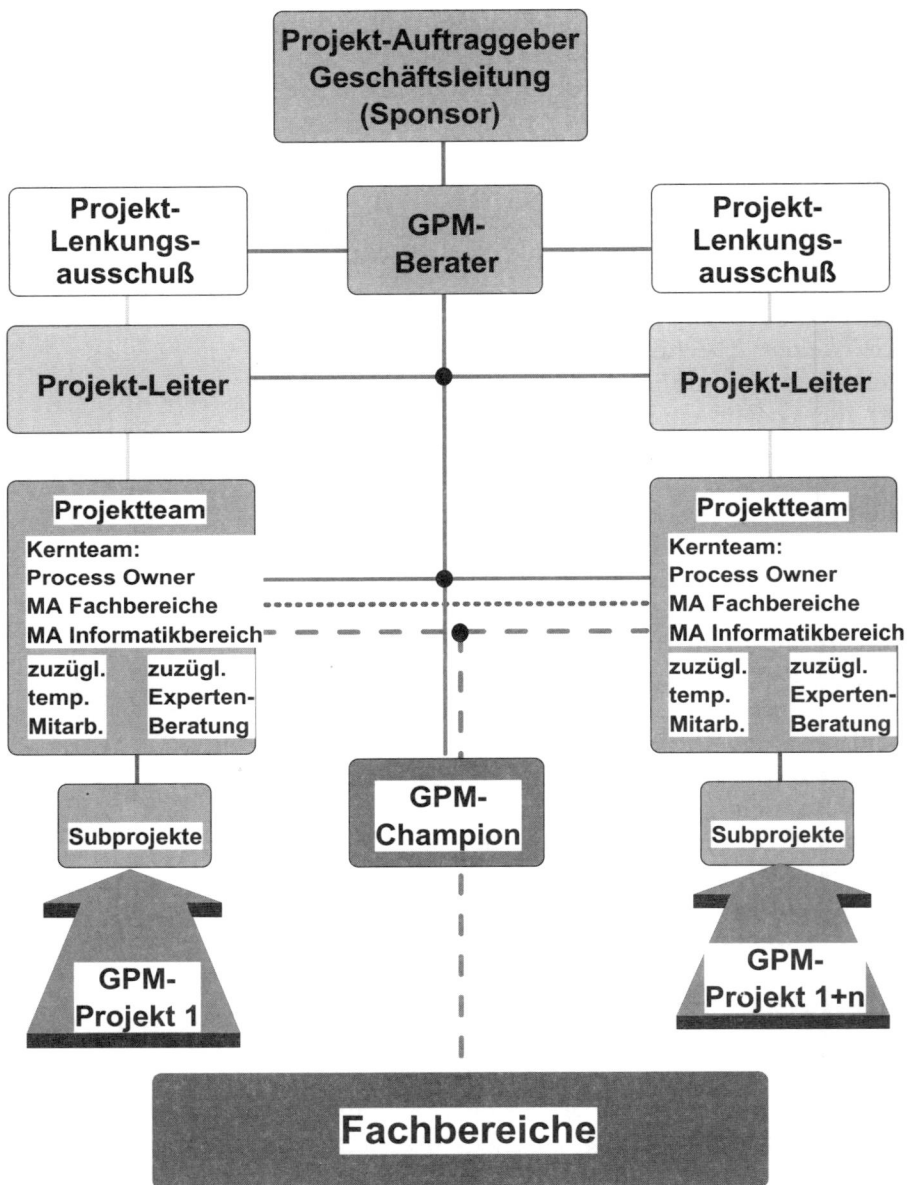

Abb. 10: Projekt-Organisation

stig ist das jedoch keine Lösung. Der Vorteil, daß externe Leute noch nicht betriebsblind sind, wird durch die fehlenden unternehmensspezifischen Kenntnisse zunichte gemacht. Darüber hinaus ist der Know-how-Transfer sehr schwierig und der muß einfach sein, wenn man nicht den externen Berater auf Dauer im Haus haben will. Aber ganz ohne externe Berater sollte man nur in Ausnahmefällen vorgehen. Ein Grund dafür ist, daß externe Berater andere Erfahrungen und abweichendes Wissen aus ähnlich gelagerten Projekten mitbringen und – wie bereits erwähnt – nicht „betriebsblind" sind. Ein nicht zu unterschätzender psychologischer Grund ist die Tatsache, daß fremde und teurere Meinung meist eher akzeptiert wird, als die aus dem eigenen Haus. Die beste Lösung ist eine vernünftige Mischung aus internen und externen Kräften, wobei wirkliche Experten und reine Kapazitätsfüller zu unterscheiden sind. Die internen Kräfte sollten stets das Übergewicht haben.

Der **Informatikbereich** spielt eine sehr wichtige, aber nicht die entscheidende Rolle bei der Einführung von GPM. Die Informationsverarbeitung ist für die Unterstützung der neu gestalteten Prozesse in aller Regel unverzichtbar, aber das definiert auch bereits die Rolle der IT. Die Prozesse sollen nicht an den Vorgaben der IT ausgerichtet werden, vielmehr definieren die Prozesse den Grad der Unterstützung durch die IT. Das bedeutet aber nicht, daß die Möglichkeiten moderner Informationsverarbeitung unberücksichtigt bleiben. Der Informationsbereich muß rechtzeitig in alle GPM-Projekte eingebunden werden, er sollte sie nur nicht dominieren.
Welches Personal muß also für die Einführung von GPM zur Verfügung stehen?

Der **Projektleiter** sollte primär Managementeigenschaften haben und erst in zweiter Linie Fach-

Ein Projektleiter muß unternehmerisch denken und handeln.

kenntnisse haben. Aber die Unterstützung durch externe GPM-Berater sowie entsprechende Qualifikationsmaßnahmen können dieses Defizit kompensieren. Der Projektleiter muß aus dem Unternehmen selbst kommen, um das Know-how aufzubauen und zu erhalten.

Das Projektteam muß in der Lage sein, gemeinsam mit den Experten der Fachbereiche, die neuen Prozesse zu erarbeiten.

Die Gesamtheit des **Projektteams** muß das gesamte Spektrum der erforderlichen Skills, also Wissen und Fertigkeiten, für ein derartiges Projekt abdecken. Als Team ist das Kernteam zu verstehen, deren Mitarbeiter dem GPM-Projekt möglichst voll zur Verfügung stehen sollten. Wenn irgend möglich, sollte ein Vertreter des Informatikbereichs ein Mitglied des Kernteams sein.

GPM erfordert eine neue Position, den Prozeßverantwortlichen.

Das gilt auch für den späteren **Prozeßverantwortlichen**, auch Process Owner genannt. Seine spätere Aufgabe ist es, die prozessualen Verantwortlichkeiten für den Prozeß zu bündeln. Das heißt, er hat sicherzustellen, daß die Prozeßergebnisse in der verabschiedeten Weise von den am Prozeß Beteiligten erfüllt werden. Die disziplinarische und fachliche Verantwortung bleibt bei dem jeweiligen Bereichsmanager. Die Position des Prozeßverantwortlichen ist langfristig angelegt und geht über die Zeit der Projektdauer hinaus. In seiner Funktion hat er den Prozeß zu überwachen, zu stabilisieren und das Umfeld für eine kontinuierliche Verbesserung zu schaffen. Er muß in der Unternehmenshierarchie genügend hoch angesiedelt sein, um einerseits die Bedeutung des Prozesses für das gesamte Unternehmen beurteilen zu können und andererseits die Prozeßinteressen auch entsprechend vertreten zu können.

Ohne die Mitarbeit der Experten aus den Fachbereichen ist das Projektteam verloren.

Die **Projektberater oder Experten** sind temporäre Projektmitarbeiter, die in der Regel aus dem eigenen Unternehmen kommen und deren Aufwand sich außerordentlich schwer einschätzen läßt. Die

Projektauftrag und Projektmanagement 63

Aufgabe dieser Experten ist es, das Kernteam im Bedarfsfall zu beraten. Es hat sich in der Praxis bewährt, als Berater nicht nur Führungskräfte zu verpflichten sondern auch die Mitarbeiter der operativen Ebene. Zu den Beratern muß stets ein Vertreter des Informatikbereichs gehören, sofern er nicht bereits im Kernteam vertreten ist. Gehört der zukünftige Process Owner nicht zum Kernprojektteam, dann muß er zum Expertenkreis gehören.

Der **GPM-Consultant** verfügt über das notwendige methodische Know-how von Geschäftsprozeß Management. Er stellt sicher, daß GPM unternehmensweit einheitlich eingesetzt und damit eine Konsolidierung, Vergleichbarkeit und Integration der verschiedenen Prozesse möglich wird. Hat man im eigenen Unternehmen keine derartigen Fachleute, muß diese Aufgabe von externen Beratern übernommen werden, bis ein eigener Mitarbeiter diese Aufgabe erfüllen kann. Derartige Projekte im Do-it-yourself-Verfahren, also ohne GPM-Experten abzuwickeln, ist nicht empfehlenswert, wenn dies auch manchmal als die günstigere Lösung erscheint.

Der GPM-Consultant als interner Berater macht sich bezahlt.

Der **GPM-Champion** sollte ab dem ersten GPM-Projekt involviert sein. Durch seine Projekttätigkeit erarbeitet er sich das Wissen und die Erfahrung, die für seine eigentliche Tätigkeit als Coach der Fachbereiche bei der Umsetzung der restrukturierten Prozesse erforderlich sind. Er ist ein wichtiges Verbindungsglied zwischen GPM-Projekt und Praxis.

Der GPM-Champion hat die Aufgabe, die Fachbereiche bei der Umsetzung von GPM zu coachen.

Im Beispiel Haase & Co. wurden die Projektteam-Mitglieder anhand einer verhaltensbezogenen Anforderungssystematik[4] detailliert durch Anforderungsprofile beschrieben

Der **Projekt-Lenkungsausschuß** hat, wie bei anderen Projekten auch, steuernde und überwachende

Die Auswahl der Projektmitarbeiter muß sorgfältig geschehen. Anforderungsprofile für die verschiedenen Funktionen erleichtern diese Maßnahme.

---

[4] vgl. STRATA Unternehmensberatung GmbH Frankfurt 1995

Anforderungsprofil GPM-Projektmitarbeiter

Haase & Co

	Wissensanforderungen		Geistige Anforderungen		Ergebnisverantwortung	
Fachliche Anforderung	Leitungs-anforderung	Motivations-Anforderungen	Denkspielraum	Schwierigkeitsgrad	Kompetenz-spielraum	Verantwortungsgrad
Fachliche Kenntnisse wurden durch eine verkürzte Ausbildung oder durch praktische Erfahrung erlernt	Leitungs- und Koordinationsfähigkeiten sind nicht erforderlich	Normale Umgangsformen und Verhaltensweisen im Kontakt mit anderen	Standardisierte Routineaufgaben. Geringe Selbstständigkeit bei der eigenständigen Anpassung an vorgegebene Anweisungen	Problemstellungen sind einfachster Art und wiederholen sich ständig. Die richtigen Problemlösungen sind angelernt bzw. antrainiert	Wenig Raum für eigene Entscheidungen. Genaue detaillierte Anweisungen und Vorschriften liegen vor. Überwachung und Kontrolle sind unmittelbar	Hat einen sehr indirekten Einfluß auf Ergebnisse
Qualifizierte Fachkenntnisse wurden durch formale Ausbildung oder durch praktische Erfahrung gewonnen	Eigenständige Planung und Gestaltung stellenbezogener Aufgaben u. Überwachung einfacher zugeordneter Tätigkeiten	Verhandeln und überzeugen auf der Basis rationaler Argumente und Ideen	Verfahrens- u. Vorgehensweisen sind vorgegeben, beruhen auf Erfahrungswerten und decken die Lösung aller Probleme ab	Problemstellungen sind ähnlich, die richtigen Lösungen sind bekannt u. erfordern die Wahl des richtigen Lösungswegs	Verbindlich und detailliert vorgegebene Methoden, Verfahren und Vorgehensweisen. Geringe anpassung an die Situation wird erwartet	Ist charakterisiert durch vorbereitende, informatorische, registrierende Tätigkeit für andere
Theor.-wissenschaftl. Hintergrund mit geringer Erfahrung	Koordination und Integration von Aufgaben (Planung, Org., Überwachung) mit insges. ähnlichen homogenen Zielsetzungen	Aktives Motivieren, um andere Menschen direkt emotional zu beeinflussen	Im Rahmen allgemeiner Richtlinien sind Zielsetzungen u. Aufgabenstellung vorgegeben. Eigenständige Ideen werden erwartet	Problemstellungen sind unterschiedlich und schwierig. Probleme müssen erkannt und analysiert, Lösungswege entwickelt werden	Selbständige Auswahl und Anpassung der für eine Aufgabenstellung geeigneten Vorgehensweise.	Ist charakterisiert durch aktive, beratende, interpretierende, unterstützende Beiträge für andere
Fachlich-theor. Hintergrund, langjährige Erfahrung und professionelle Handhabung komplexer Arbeitsbereiche	Aktive Integration und Koordination von Org.-Einheiten mit divergier., wechselnden Zielen und Prioritäten im operativen innerhalb und außerhalb der Organisationseinheit Management	Hohe Anforderungen an Führung, Motivation, Menschenbeeinflussung und Klimaentwicklung	Im Rahmen von Gruppenstrategien müssen divisionale oder funktionale Pläne und Strategien eigenständig entwickelt werden	Analyse u. Interpretation von Problemstellungen. Entwickeln von Lösungsalternativen auf der Basis von Annahmen	Der Entscheidungsrahmen ist gebunden an die Aufgabenstellungen, die sich an den Gesamtzielen des Unternehmens orientieren	Ist charakterisiert durch die direkte, partizipative Mit-Verantwortung für die Ergebnisse anderer
Herausragende Beherrschung des Aufgabengebiets in Theorie und Praxis auf hohem Niveau	Strategische Planung und Steuerung großer und komplexer Einheiten	Außerordentlich hohe Anforderungen an die Fähigkeit, ein positives Klima der Zusammenarbeit durch pers. Ausstrahlung zu gestalten	Im Rahmen der Unternehmensphilosophie müssen strategische Ziele entwickelt und formuliert werden	Problemstellungen grundsätzlich neuer Art. Suche nach völlig neuen Konzepten und Lösungswegen	Der Entscheidungsrahmen ist charakterisiert durch die strategische Ausrichtung des Unternehmens	Ist charakterisiert durch die primäre Verantwortung für stellenbezogene Ergebnisse. Der Beitrag anderer ist unter- geordnet

Abb. 11a: Anforderungsprofil GPM-Mitarbeiter nach STRATA

Projektauftrag und Projektmanagement 65

Anforderungsprofil GPM-Projektmitarbeiter							
Haase & Co	Fachliche Anforderung	Leitungs- anforderung	Motivations- Anforderungen	Denkspielraum	Schwierigkeitsgrad	Kompetenz- spielraum	Verantwortungsgrad
							PM CH EX / CO
				PM EX	PM PL EX	PM EX	
							PL
	PM EX	PM EX CH	PM	PL CH		PL CH	
			EX		CO CH	CO	
		PM CO	CO PL CH				
	PL CH	PL		CO			
	CO						

PL = Projektleiter CH = GPM Champion
PM = Projektmitarbeiter CO = GPM Consultant
EX = Experte/Berater

Abb. 11b: Anforderungsprofil nach STRATA

Projektauftrag und Projektmanagement

Der Projektlenkungsausschuß hat steuernde und überwachende Aufgaben. Er muß im Bedarfsfall eine Entscheidung erzwingen.

Aufgaben. Ihm berichtet der Projektleiter. Bei GPM-Projekten ist der Projekt-Lenkungsausschuß aufgrund der strategischen Bedeutung besonders wichtig. Die Besetzung dieser Funktion muß hochrangig sein und sollte, neben dem Auftraggeber, aus jedem tangierten Fachbereich einen Verantwortlichen enthalten.

4.2 Wie läßt sich der Aufwand für ein GPM-Projekt abschätzen?

Den tatsächlichen Aufwand für ein GPM-Projekt abzuschätzen, ist enorm schwierig. Trotzdem muß versucht werden, einen Rahmen für den zu erwartenden Aufwand zu definieren. Das Kapitel gibt Hinweise, welche Ressourcen benötigt werden und mit welchen Kosten zu rechnen ist.

Produktionsleiter: „Haben Sie sich eigentlich schon einmal überlegt, welcher Aufwand hinter solch einem Projekt steht? Ist das nicht wieder so ein Dauerprojekt, das sich im Lauf der Zeit, wie so viele vorher, totläuft?"

DV-Leiter: „Ein Dauerprojekt darf es nicht werden. Wir müssen einen realistischen Projektplan mit einem Beginn- und Endtermin haben. Er muß darüber hinaus alle Kosten enthalten, die für das Projekt vermutlich anfallen werden; Personalkosten, externe Berater, Reisekosten, Tools und ..."

Produktionsleiter: „Weil wir gerade über Tools reden! Es gibt Software, mit der man Prozesse optimieren kann. Wir setzen doch Standardsoftware für alle möglichen Funktionen ein, um Zeit und Geld zu sparen, warum also nicht auch für GPM?"

DV-Leiter: „Vielleicht ist der Einsatz derartiger Tools möglich, hier sollten wir auf den Rat erfahrener Experten vertrauen. Aber mit und ohne Tools werden wir Kosten für ein derartiges Projekt haben, und die müssen wir nennen."

Produktionsleiter: „Wenn es möglich ist, einverstanden. Wie hoch ist der Aufwand und woraus besteht er?"

Projektauftrag und Projektmanagement

DV-Leiter: „Das ist eine schwierige Frage, wenn man ein ähnliches Projekt noch nie durchgeführt hat."

Produktionsleiter: „Wir sollten den Projektaufwand am besten offen lassen und es als ein strategisches Projekt definieren, oder wir schätzen sehr großzügig, um am Ende genügend Luft zu haben."

> Wir definieren das Projekt als strategisches Projekt und lassen den Aufwand offen.

Herr Proman: „Ich bin gegen Projekte, denen keine Planung über Zeit und Kosten zugrunde liegt. Solche Regie-Projekte sind nicht effizient, und sie verführen auch dazu, unsystematisch vorzugehen. Man muß den Projektaufwand so gut wie möglich abschätzen und dann ggf. dem neuesten Wissensstand anpassen, in Absprache mit dem Lenkungsausschuß natürlich."

Produktionsleiter: „Das kommt doch auf das gleiche heraus."

DV-Leiter: „Nicht ganz. Planungsänderungen sind im letzteren Fall zu begründen, im ersten Fall nicht. Auch für die Überwachung, Steuerung und Abrechnung des Projekts ist ein Plan notwendig."

Produktionsleiter: „Jede Planung erfordert Aufschreibungen, Kontrollen, Rechtfertigungen etc., also vermeidbaren Aufwand."

Herr Proman: „Projektmanagement ist ohne Erfassung des Aufwands nicht möglich. Man muß nur versuchen, den Aufwand dafür zu minimieren".

Die Bestimmung des Projektaufwands ist vor dem ersten GPM-Projekt natürlich sehr schwierig. Eine Fülle von Einflußfaktoren, die den Aufwand eines derartigen Projekts letztendlich bestimmen, sind neu oder haben einen anderen Stellenwert. Die anzuwendende Methodik, die „Kultur" des Unter-

Eine Fülle von Einflußgrößen bestimmen den Projektaufwand.

nehmens, die Motivation, Qualität und das Engagement der Projektbeteiligten sowie die Art des Prozesses (Auftragsabwicklung, Produktkreation etc.) sind weitere Einflußfaktoren. Folgende Daumenregeln lassen sich jedoch ansetzen:

Zwischen 18 und 30 Monaten bewegt sich der Personalaufwand für ein derartiges Projekt.

Personalaufwand:

- Qualifizierungsmaßnahmen für die unmittelbar am Projekt beteiligten Personen ca. 0,5 MM[5] zuzüglich Aufwand für den (die) Trainer.
- GPM-Informationsveranstaltungen für die Betroffenen sollten im Rahmen allgemeiner Weiterbildungsmaßnahmen für Mitarbeiter abgedeckt werden und nicht zu Lasten des Projekts gehen.
- IST-Aufnahme und IST-Analyse, inkl. Dokumentation ca. 3 bis 4 MM
- Analyse der eingesetzten Informationssysteme ca. 0,5 bis 2 MM
- Analyse der strategischen Anforderungen ca. 1 bis 2 MM
- Geschäftsprozeß-Restrukturierung ca. 5 bis 8 MM inkl. Dokumentation
- Anforderungen an neue Informationssysteme ca. 3 bis 4 MM
- Erarbeiten neuer Strukturen ca. 1 bis 3 MM
- Erarbeiten eines Meßzahlen- und Anreizsystems ca. 2 bis 3 MM
- Strategische Informationsplanung (Konzept; Rest durch IT-Bereich) ca. 1 bis 2 MM
- Erarbeiten eines Einführungsplans ca. 1 MM

Insgesamt sind somit zwischen 18 und 29,5 MM einzuplanen, was bei 5 Personen eine Projektdauer von 5 bis 8 Monaten bedeutet. Je nach dem vorhandenen Skill der Projektbeteiligten kann der Personalaufwand – zumindest beim ersten Projekt – noch etwas höher sein. Ein externer Berater, der als Coach während der gesamten Laufzeit vorzusehen

---

[5] Mannmonate

Projektauftrag und Projektmanagement

ist, zumindest beim ersten GPM-Projekt, ist in dieser Summe nicht enthalten.
Diese Angaben sind selbstverständlich Schätzungen, die sich im Lauf der Projektarbeit ändern können, wenn sich unvorhersehbare Probleme ergeben. Bei einem GPM-Projekt können sich z. B. aufgrund mangelnder Mitarbeit (passiver Widerstand) oder Bereitschaft der Fachbereiche erhebliche Verzögerungen ergeben.
Wie bei allen Projekten müssen ‚Langläufer' vermieden werden. Auch zu große Projektteams sind ineffizient. Anzustreben sind Projektkernteams mit 3 bis 5 Mitarbeitern zuzügl. Projektleiter und Coach. Die Kernteammitarbeiter sollten mindestens 3/4 ihrer verfügbaren Arbeitszeit dem Projekt zur Verfügung stehen, der Projektleiter praktisch „fulltime". Dazu kommen noch interne oder externe Experten nach Bedarf. Der Zeitbedarf für interne Experten aus den Fachbereichen ist nach unserer Erfahrung nicht einschätzbar und sollte unberücksichtigt bleiben. Den GPM-Champion sollte sich das Unternehmen leisten, ohne ihn einem Projekt zuzurechnen.

Projekte müssen in absehbarer Zeit realisiert werden. Das Projektkernteam sollte aus nicht mehr als 5 Personen bestehen.

Organisationshilfsmittel:
Die benötigten Organisationshilfsmittel, wie Metaplan-Zubehör, PCs inkl. Kommunikationsnetze, Hilfsprogramme für Büroautomation und Projektmanagement, Arbeits- und Schulungsräume etc., sind in den Unternehmen vorhanden oder sollten angeschafft werden.

Hilfsprogramme (Tools):
Wir gehen davon aus, daß echtes Prozeßmanagement nicht von Computerprogrammen abgedeckt werden kann. Tools können dabei nur eine unterstützende Funktion haben (warum wir diese Meinung vertreten, haben wir im Kapitel 2 dieses Handbuchs erläutert). Derartige Programme sollen im wesentlichen zum Dokumentieren der Projekt-

ergebnisse dienen. Unsere Erfahrung besagt, daß die Einfachheit in der Anwendung sowie die Transparenz der Darstellung die ausschlaggebenden Erfolgsmerkmale bei der Auswahl sein sollten.

Die auf dem Markt befindlichen Programme sind unterschiedlichen Ursprungs. Sie haben sich entwickelt aus

Es gibt eine Vielzahl von unterstützenden Programmen auf dem Markt. Wir empfehlen hier bewußt kein spezielles Tool, weil das Angebot an einsetzbaren Programmen täglich größer wird.

- der klassischen Organisationslehre
  mit dem Fokus auf der Trennung von Aufbau- (Hierarchie) und Ablauforganisation (stellenbezogene Arbeitsstrukturierung)
- dem „Computer aided Software Engineering",
  wobei der Datenfluß, aus verschiedenen Sichtweisen dokumentiert, im Mittelpunkt steht
- der Workflow-Modellierung,
  die für eine detaillierte Nachbildung von Abläufen geeignet ist
- der technischen Simulation,
  die entwickelt wurde, um maschinelle Arbeitsgänge oder Mensch-Maschine-Schnittstellen abzubilden

Je nach Herkunft des verwendeten Tools sind die Schwerpunkte in der Funktionalität der Produkte anders gesetzt. Die Auswahl des einen oder anderen Programms muß gemessen werden an der Zielsetzung des GPM-Projekts, dabei ist auf folgende Funktionen zu achten:

Computerprogramme können beim Re-Engineering nur unterstützen. Sie ersetzen es nicht.

- Dokumentation
  Alle Hersteller beschreiben ihr Produkt als dokumentationsfähig, damit ist gemeint, daß alle Programme die Aktivitäten und ihre Verkettungen graphisch und meist auch textlich darstellen können. Worauf aber ist aus Anwendersicht zu achten?

  Verständlichkeit. Viele unterschiedliche Symbole für verschiedene Aktivitäten mögen zwar dem Insider eine Hilfe sein, den Mitarbeitern aus den Fachbereichen erschwert eine umfangreiche Nomenklatur das Verstehen der aufgenommenen

Projektauftrag und Projektmanagement

Abläufe erheblich. Nach unseren Erfahrungen reichen einige wenige, dafür aber gut unterscheidbare Symbole aus. Die Möglichkeit einer farblichen Ausgestaltung und damit die Bildung von Gruppen für Funktionsbereiche, Standard- oder Sonderabläufe, zentrale oder dezentrale Durchführung etc. ist ein entscheidendes Ausstattungsmerkmal.

Einfache Bedienung. Gerade bei der Konzeption von Soll-Modellen ist der Änderungsaufwand mitunter beträchtlich. Eine Unterstützung bei der Plazierung bzw. Eliminierung der Aktivitäten(symbole), bei der Anbringung von Texten und dem Zeichnen von Verbindungslinien kann die aufzuwendende Zeit und Mühe erheblich verringern. Ein hoher Anteil von Funktionen, die über die Maus gesteuert werden, ist aus Sicht der Bedienphilosophie genauso wichtig, wie die Option eines DIN A4-Blatt- übergreifenden Ausdrucks.

Die Bedienerfreundlichkeit sollte Vorrang vor Funktionsumfang haben.

Präsentationsfähigkeit. Ziel der Dokumentation ist es, eine Arbeits- und Entscheidungsunterlage zu schaffen. Aus diesem Grund ist die graphische Anmutung ein nicht zu vernachlässigender Faktor. Programme, die lediglich dünne Striche und kleine kaum lesbare Schriftfonts enthalten, eignen sich kaum für eine erfolgreiche Präsentation. Ein entscheidender Vorteil ist weiterhin, wenn die Informationsfülle sukzessive gezeigt werden kann und somit Aussagen auf das Wesentliche reduziert werden können. Einige Programme verfügen über die Möglichkeit, Aktivitäten anhand von verschiedenen Kriterien ein- bzw. auszublenden; der Vortragende kann somit die Aufmerksamkeit der Betrachter auf die kritischen Stellen im Prozeß lenken.

Die graphische Anmutung ist ein nicht zu vernachlässigender Faktor, bei der Akzeptanz durch die Prozeßbeteiligten.

- Berechnung/Simulation
  Die Simulation von Prozessen setzt immer eine exakte Beschreibung der Ist-Situation bzw. eine

Da wir nicht von Fertigungsprozessen sprechen, hat die Simulation von redesignten Prozessen für uns keine besondere Bedeutung.

realitätsnahe Gestaltbarkeit der Soll-Situation voraus. Diese findet sich in der Regel in der Planung von Produktionsabläufen. Die stark determinierte Mensch-Maschine-Zusammenarbeit in der Fabrikation läßt sich auf Basis unterschiedlicher statistischer Verteilungen relativ gut optimieren. Ganz anders verhält es sich bei kreativen, aber auch bei administrativen Prozessen. Selbst bei gut organisierten Prozessen der Auftragsabwicklung, macht die wertschöpfende Bearbeitungszeit höchstens 50% der gesamten Durchlaufzeit aus, d. h. eine Simulation des Prozesses würde sich zu 50% mit der Abbildung nicht wertschöpfender Aktivitäten beschäftigen wie Aufträge sortieren, Sonderanfragen bearbeiten, etc. Eine derartige Simulation ist nur mit komplexen Beschreibungen, z. B. mit Petri-Netzen zu erreichen. Die Relation von Abbildungsaufwand zu Simulationsergebnis ist dabei meistens wenig erfreulich.

Viele Programme verzichten deshalb auf Simulation und errechnen einfach bestimmte Parameter durch Addition der den einzelnen Aktivitäten zugeordneten Werte. Es erfolgt dabei meistens eine Beschränkung auf die Zeiten und Kosten der *reinen* Bearbeitung, dies führt verständlicherweise nicht zu realen Gesamtwerten, aber zu Zahlen, die eine Entscheidungsfindung zwischen mehreren Alternativen erleichtern.

Die quantitative Bewertung von Prozessen macht aber generell nur dann Sinn, wenn einzelnen Stellen detailliert beschriebene Arbeitsgänge zugeordnet werden sollen.

Summenbildung ist also, wenn man Detailplanung auf unterster Prozeßebene vornehmen möchte, eine notwendige Funktion.

◆ **Animation**
Je aufwendiger Prozesse DV-gestützt dargestellt werden, desto interessanter ist es u. U. für den

Projektauftrag und Projektmanagement 73

Betrachter, aber desto höher ist der Arbeitsaufwand. Die Animation von administrativen Prozessen, die Abbildung von Schreibtisch an Schreibtisch, macht unseres Erachtens wenig Sinn.

Die Animation von administrativen Prozessen macht wenig Sinn.

♦ Referenzprozesse
Das Anpreisen von sogenannten Referenzprozessen hat Ähnlichkeit mit den Gesängen der Sirenen in der griechischen Mythologie! Ein wenig Polemik anstelle einer sachlichen und sicherlich umfangreichen Diskussion: Wer hat die Vorteile, wenn jedes Unternehmen Standardsoftware anhand von Referenzprozessen einführt? Und wenn sich alle Unternehmen anhand optimaler Referenzprozesse organisieren könnten, wodurch würden dann Wettbewerbsvorteile entstehen?

Wenn sich alle Unternehmen anhand optimaler Referenzprozesse organisieren könnten, wo bliebe da der Wettbewerbsvorteil?

Unterstützende Informationssysteme:
Die Kosten für Informationssysteme, die den späteren Prozeß unterstützen sollen, sind nicht Bestandteil eines GPM-Projekts. Das gilt auch für die Umsetzung der neu gestalteten Prozesse in die Praxis.

Sonstige Kosten:
Hier sind in erster Linie Kosten für eventuell erforderliche Dienstreisen zu nennen, wie sie z. B. für die IST-Aufnahme oder ein Benchmarking anfallen können. Die Anschaffung von notwendiger Literatur oder der Besuch relevanter Seminare und Tagungen sind zu berücksichtigen.
Kein Aufwand im Sinne des Projekts sollten die Kosten für Personalbeschaffung oder -reduzierung oder sonstige strukturell bedingte Maßnahmen sein.

4.3 Wie läßt sich der Projektnutzen bestimmen?

Produktionsleiter: „Da wir nun den voraussichtlichen Aufwand kennen, werden wir vermutlich nicht umhin können, auch etwas zum Nutzen zu

Aufwand ohne Nutzen ist Verschwendung. Deshalb müssen konkrete Ziele genannt werden, die den Nutzen des Projekts verdeutlichen.

Welche Ziele das sein können, wie sie zu bewerten sind und wer diese Größenordnung festlegt, beschreibt dieses Kapitel.

Der Nutzen eines Projekts ergibt sich auf der Basis von Zeit, Qualität und Kosten.

sagen. Ich bin zwar der Meinung, daß die Einführung von GPM eine strategische Entscheidung darstellt und deshalb keiner Kosten/Nutzenrechnung bedarf, aber ich fürchte, daß der Auftraggeber sich damit nicht abspeisen läßt."

DV-Leiter: „Daß GPM einen Nutzen haben muß, ist unbestritten, in der Literatur spricht man ja von Quantensprüngen beim erzielbaren Nutzen. Aber wo und wie kann man ihn messen?"

Herr Proman: „Vielleicht kann man ihn nicht immer in Mark und Pfennig ausdrücken. Aber der Auftraggeber muß schon überzeugt werden, daß zumindest die Projektkosten abgedeckt sind. Wenn das nicht möglich ist, setzen wir vermutlich das falsche Projekt auf."

Produktionsleiter: „Versuchen wir einfach alle denkbaren Nutzenpotentiale aufzulisten und sie zu bewerten."

DV-Leiter: „Wieviele DM bringt in der Produktion oder Entwicklung die Reduzierung von Schnittstellen? Wieviele DM ist die Reduzierung von Durchlaufzeiten wert? Können Sie das mit gutem Gewissen beantworten?"

Produktionsleiter: „Man muß es eben versuchen."

Herr Proman: „Ich glaube, ein Ansatz ist im Projektauftrag enthalten. Hier hat der Auftraggeber seine Ziele formuliert, die er mit dem Projekt erreichen will. Wenn er Ziele nennen kann, dann muß er auch wissen, was ihm die Erfüllung dieser Ziele wert ist."

Der Nutzen eines GPM-Projekts muß sich an den Zielen des Auftraggebers orientieren. Wenn es darüber hinaus noch andere Nutzenpotentiale gibt,

Projektauftrag und Projektmanagement

kann dies nur von Vorteil sein. Aus unserer Erfahrung ist es jedoch noch nie ein Problem gewesen, den realisierbaren Nutzen für ein GPM-Projekt glaubhaft darzustellen. Der Nutzen ist ja nicht ein zufällig anfallendes Ergebnis des Projekts, sondern der eigentliche Auftrag. Der Auftraggeber erwartet, daß sich seine Investition bezahlt macht, und das gilt für GPM ganz besonders. Die Aufgabe des Projektteams ist es, die Erwartungen des Auftraggebers zu erfüllen. Dabei ist es gleichgültig, ob der Nutzen quantitativ oder nur qualitativ angegeben werden kann. Wichtig ist, daß die Ziele des Auftraggebers vom Projektleiter verstanden und als erreichbar bewertet werden. Den Nutzen, der sich nach Erreichung der angestrebten Ziele ergibt, kann nur der Auftraggeber definieren.

Auf der Basis des magischen Dreiecks von Zeit, Qualität und Kosten ergibt sich der erreichbare Nutzen.

Wer die Ziele eines Projektauftrags vorgibt, muß auch den dadurch erreichbaren Nutzen nennen.

Der Nutzen eines Projekts ergibt sich auf der Basis von Zeit, Qualität und Kosten.

- *Zeitaspekte wie Verkürzung von Durchlaufzeiten und Entscheidungswegen, Abbau von Schnittstellen, redundanten Aktivitäten und Hierarchien*

- *Qualitätsaspekte wie Termintreue, Produkt-, Prozeß- und Datenqualität. Schnittstellenharmonisierung und damit Vermeidung von Konfliktpotential. Nutzergerechte und prozeßunterstützende Informationssysteme*

- *Kostenaspekte wie Straffung von internen und externen Organisationsabläufen, Eliminierung nicht wertschöpfender Tätigkeiten, Reduzierung von Bürokratie und redundanten Informationen*

Dazu kommt noch die Reduzierung von Umlagen aus anderen Bereichen und möglicherweise erzielbare Personaleinsparungen, wobei Personalabbau ein Ergebnis von GPM sein kann, aber nicht **das** Ziel.

4.4 Was sollte der Projektauftrag enthalten?

W. Böckmann sagt, wer Leistung fordert, muß Sinn bieten. Es muß z. B. für ein Projektteam klar ersichtlich sein, welche Erwartungen mit dem Projektauftrag verknüpft sind.

Herr Proman: „Kein Projekt ohne einen konkreten Projektauftrag, da sind wir uns sicher einig."

Produktionsleiter: „Wenn schon Bürokratie sein muß, dann soll sie wenigstens auf ein Minimum begrenzt sein. Also kurz und bündig der Projektauftrag: GPM wird im Bereich XY eingeführt, das Projektteam besteht aus den 5 Personen und als Einführungstermin ist der soundsovielte definiert, basta."

DV-Leiter: „Das hört sich zwar sehr pragmatisch an, ist aber in der Praxis meist der Anfang einer unendlichen Geschichte."

Herr Proman: „Ohne konkrete Aufgabe kann ich kein konkretes Ergebnis erzielen. Ich bestehe auf einen Projektauftrag, weil nur dann richtig geplant und zielorientiert gearbeitet werden kann."

DV-Leiter: „Wir werden den Projektauftrag gemeinsam konzipieren und dann zur Ergänzung bzw. Genehmigung vorlegen. Wir verwenden dazu das im Unternehmen übliche Projektauftragsformular. Zuerst brauchen wir einen ‚griffigen' Projekttitel. Wie wär's mit **REPRO** = Re-Engineering PROjekt?"

Die Ziele und der Zweck sind die wichtigsten Angaben des Projektauftrags.

Herr Proman: „Keine Einwände. Wichtiger sind für mich aber die Ziele und der Zweck des Projekts. Daraus ergibt sich dann der Projektumfang."

Produktionsleiter: „Welchen Zweck soll das Projekt schon haben? Wir wollen das Unternehmen wettbewerbsfähiger machen, was sonst?"

DV-Leiter: „Ein wenig konkreter sollte es schon sein. Der Auftraggeber muß zumindest angeben, warum er dieses Projekt initiiert, also GPM als Weg zur Erreichung der definierten Ziele betrachtet."

Herr Proman: „Die wichtigste Angabe des Auftrags sind aber die Zielsetzungen des Auftraggebers. Diese Ziele müssen konkret und erreichbar sein."

Produktionsleiter: „Es gibt nur ein wirkliches Ziel: Kosten sparen, wo immer das möglich ist."

DV-Leiter: „Sparen ohne Rücksicht auf Qualität, Zeit und (Folge)Kosten, das kann es doch nicht sein!"

Herr Proman: „Es müssen greifbare Ziele formuliert sein, die das Projektteam auch in konkrete Ergebnisse umwandeln kann. Am Projektende muß überprüft werden können, ob und wie die gesteckten Ziele erreicht wurden. Das heißt, der Auftraggeber muß zu den von ihm angestrebten Ziel auch ein meß- oder bewertbares Nutzenpotential angeben."

<small>Nach Projektabschluß muß nachprüfbar sein, ob die gesteckten Ziele erreicht wurden.</small>

Produktionsleiter: „Der Auftraggeber kann doch nicht vorgeben, wodurch das Ziel erreicht werden soll, das ist Aufgabe des Projektteams."

DV-Leiter: „Richtig, das ist nicht immer möglich. Aber häufig weiß der Auftraggeber, wo seine Schwachstellen und Stärken heute liegen, und was verbessert bzw. ausgebaut werden muß. Als Beispiel sei hier nur die Kundenzufriedenheit erwähnt. Jeder Vertriebsmann weiß, daß die geplanten Entwicklungszeiten häufig nicht eingehalten werden, und wir deshalb unsere Produkte nicht wie angekündigt auf dem Markt haben. Das Ziel ist deshalb, die Kundenzufriedenheit zu erhöhen, indem die Produkte termingerecht verfügbar sind. In den Fällen, wo die Ursachen nicht klar erkennbar sind, muß das „wodurch" durch die Projektarbeit ergänzt werden."

<small>Meist wissen die Fachleute, wo heute die Schwachstellen sind. Man sollte sich aber nicht *nur* darauf verlassen.</small>

Herr Proman: „Der Auftrag muß auch die geschätzten Projektkosten enthalten, die nur in Zusammenarbeit mit dem Projektleiter ermittelt werden können. Wer übernimmt die Projektkosten?"

Produktionsleiter: „Es muß aber unterschieden werden, welche Kosten intern verrechnet werden und welche als externe Zahlung wann anfallen."

> Es muß klar vereinbart werden, wann ein Projekt als abgeschlossen zu betrachten ist.

DV-Leiter: „Vergessen wir nicht die Projektdauer, also wann das Projekt beginnen kann und wie lange es dauern wird. Ganz wichtig ist dabei die genaue Definition, wann das Projekt als beendet gilt."

Produktionsleiter: „Jetzt haben wir einen tollen Projektauftrag mit Zielen, Kosten und Nutzen und dann mauert plötzlich der Betriebsrat oder die Fachbereiche halten ihre Zusagen nicht ein. Der ach so schöne Projektauftrag stimmt plötzlich hinten und vorne nicht mehr. Was dann?"

Herr Proman: „Deshalb sind alle angenommenen Voraussetzungen festzuhalten, die wesentlichen Einfluß auf die Projektarbeit haben, aber nicht durch das Projektteam beeinflußt werden können."

> Das Projektteam muß namentlich benannt sein, einschließlich der zugesagten Zeitanteile.

DV-Leiter: Vergessen wir nicht, daß die Projektorganisation im Auftrag steht. Das Projektteam muß namentlich benannt sein, einschließlich der zugesagten Manpower und den verabredeten (Verrechnungs)Kosten."

Ein GPM-Projekt muß nach den im Unternehmen festgelegten Projektmanagementmethoden realisiert werden. Basis dafür ist ein Projektauftrag, der alle für die Realisierung erforderlichen Informationen in konkreter und faßbarer Form enthält. Ungenaue oder zu allgemein gehaltene Formulierungen sind entbehrlich. Zwischen Auftraggeber und Projektleiter ist der Projektauftrag inhaltlich abzustimmen. Das heißt, beide Vertragspartner sind vollinhaltlich einverstanden. Dazu gehört auch, daß die Strategien, die den formulierten Projektzielen zugrunde liegen, dem Projektleiter bekannt sind.

Projektauftrag und Projektmanagement

Die wichtigsten Informationen des GPM-Projektauftrags sind die Ziele des Auftraggebers, die erreicht werden sollen. Deshalb ist es wichtig, nicht nur die Ziele anzugeben, sondern auch, wie man sie messen (bzw. entscheiden) kann, und welches Nutzenpotential dahintersteht. Dieser Vorgang zwingt Auftraggeber und Auftragnehmer, sich intensiv mit dem Thema GPM zu beschäftigen. Der Projektleiter darf hier keinerlei Kompromisse eingehen, weil sein Erfolg letztendlich daran gemessen wird."

Eine weitere Information ist der Projektumfang. Jedes Projekt muß einen definierten Anfang und ein definiertes Ende haben. Besonders wichtig ist dabei, den Projektabschluß eindeutig festzulegen. Und zwar nicht nur terminlich, sondern exakt nachprüfbar beschrieben, z. B. „Das Projekt ist beendet, wenn die neuen Prozeß- und Aufbaustrukturen ein erstes Mal durch Meßgrößen beschrieben sind".

Eine Aufstellung über die geschätzten Projektkosten ist aus Steuerungs- und Abrechnungsgründen wichtig. Vermeiden Sie unklare Kostenzuordnungen und trennen Sie zwischen Personen- und Sachkosten, sowie zwischen interner Verrechnung und extern anfallenden Rechnungen. Wichtig ist vor allem, daß im Auftrag bereits die Kostenübernahme geregelt wird, also welchen Anteil wer übernimmt.

Folgende Kosten sollte man nicht dem Projekt zuordnen:

- *GPM-Champion, weil er in erster Linie als Experte für die* **Einführung von GPM** *in allen betroffenen Fachbereichen gedacht ist (Eigeninteresse der Fachbereiche).*
- Kosten für Information und Schulung von Mitarbeitern, die nicht unmittelbar dem Projektteam angehören (Mitarbeiterweiterbildung).
- Informationssysteme, die die restrukturierten Prozesse später unterstützen werden. Auch die

---

Marginalien:

Ein Projektauftrag muß zwischen Auftraggeber und Projektleiter abgestimmt sein.

Das Erreichen der vorgegebenen Ziele muß nachprüfbar sein.

Vermeiden Sie unklare Kostenzuordnungen.

Der GPM-Champion ist der Coach der Fachbereiche, wenn es um GPM geht.

 **Projektauftrag Nr. 93/65301 "REPRO"**

Arbeitstitel:
"REPRO" Einführung von Geschäftsprozeß Management für den Auftragsabwicklungsprozeß.

Zweck:
Verkürzung der Auftragsbearbeitungszeit (Anfrage bis Auftragsauslieferung), Verbesserung der Auftragsabwicklungsqualität (Termintreue, Kundenzufriedenheit etc.) und Reduzierung der Kosten.

Ziele:

Ziel	Indikator	Massnahme
höchste Zufriedenheit bei externen Kunden	CSS = 90 %	▸ absolute Termintreue für bestätigte Aufträge ▸ möglichst schnelle Angebotsabgabe ▸ "One Face to the Customer" ▸ erkennbare Kompetenz der Vertriebsmitarbeiter
höchste Zufriedenheit bei internen Kunden	Einhaltung von • Termin • Kosten • Qualität	▸ präzise formulierte und vereinbarte Outputnormen und deren Einhaltung (BLA) ▸ Re-Engineering der crossfunktionalen Abläufe
Erhöhung der Wettbewerbsfähigkeit in den indirekten Bereichen	• Empowerment • Schnittst.-minimierg. • Benchmarkg.	▸ Verringerung der Anzahl der Managementfunktionen ▸ Transparenz der administrativen Prozesse ▸ Aufbau eines internen Marktes durch Prozeßkostenrechnung
Reduzierung der Auftragsabwicklungszeit unter das Niveau des bisherigen Marktführers	• DLZ = bei 80% < 2 Mon. (heute 60%).	▸ Verbesserung der Produktplanung ▸ Beschleunigung der Distributionslogistik ▸ Verbesserung der unterstützenden Informationssysteme ▸ Straffung der Entscheidungswege, Abbau von Hierarchien
Erhöhung der Qualität für Dienstleistungen und Produkte	• Fehlerrate	▸ Re-Engineering bereichsübergreifender und dezentralisierter Abläufe und Strukturen ▸ Einführung von ISO 9000ff auf der Basis der neuen Prozesse ▸ Einbeziehung der Mitarbeiter in die unternehmerische Verantwortung
Schaffung prozeßorientierter Strukturen	• Lean Organization	▸ Geschäftsprozeß Management ▸ Delegieren von Verantwortung auf die operative Ebene
Sicherstellen einer kontinuierlichen Verbesserung der Prozesse	• Meßzahlensystem • Berichtswesen	▸ Geschäftsprozeß Management ▸ Delegieren von Verantwortung auf die operative Ebene
prozeßorientierte Informationsversorgung	• IT follows Process	▸ Geschäftsprozeß Management ▸ Delegieren von Verantwortung auf die operative Ebene

Projektkosten extern:
- 500 TDM Beratungskosten
- 80 TDM sonst. Kosten
- 100 TDM Honorar Trainer
- 5 TDM Dokumentationskosten

Abb. 12a: Projektauftrag Blatt 1/3

Projektauftrag und Projektmanagement

Projektauftrag Nr. 93/65301 "REPRO"

Projektkosten intern (Verrechnungssätze 1993):
- 100 TDM Qualifizierungsmaßnahmen Projektteam und Projektverantwortliche
- 420 TDM Projektrealisierung (Kernteam)
- GPM-Champion und temp. Projektmitarbeiter nicht zu Lasten des Projekts

Kostenverrechnung:
Kostenstelle 12 345 100 %

Zieltermin:
- Projektbeginn: 1.Mai 1993
- Projektdauer: > 8 Monate (nach Schulungsabschluß Projektteam)
  - 3 MM IST-Analyse
  - 2 MM Analyse Informationssysteme
  - 2 MM Analyse der strat. Anforderungen
  - 7 MM Re-Engineering inkl. Dokumentation
  - 3 MM Anforderungen an die unterstützenden Informationssysteme
  - 2 MM Erarbeitung neuer Strukturen
  - 3 MM Erarbeiten eines Meßzahlen- und Anreizsystems
  - 1 MM Strategische Informationsplanung
  - 1 MM Erarbeitung eines Einführungsplans
  - 24 MM gesamt
- Kernteam mit 4 Mitarb. zu je 75% Projektverfügbarkeit = 3 Mitarb. = 8 Monate
- Projektabschluß: Ende Dezember 1993

Erwarteter Projektnutzen:

Ziel	Ergebnisverbesserung
höchste Zufriedenheit bei externen Kunden	> 100 TDM ab 1995
höchste Zufriedenheit bei internen Kunden	> 4 Mitarb. = 400 TDM ab 1995
Erhöhung der Wettbewerbsfähigkeit in den indirekten Bereichen	> 100 TDM ab 1995
Reduzierung der Auftragsabwicklungszeit unter das Niveau des bisherigen Marktführers	> 100 TDM ab 1994
Erhöhung der Qualität für Dienstleistungen und Produkte	> 50 TDM ab 1995
Schaffung prozeßorientierter Strukturen	>2 Mitarb. = 300 TDM ab 1995
Sicherstellen einer kontinuierlichen Verbesserung der Prozesse	langfrist. steigende Benefits ab 1994 von jährlich > 50 TDM
prozeßorientierte Informationsversorgung	> 100 TDM ab 1995
gesamt	> 1Mio DM ab 1995

Abb. 12b: Projektauftrag Blatt 2/3

Projektauftrag Nr. 93/65301 "REPRO"

Rahmenbedingungen:
- Es wird von qualifizierten und motivierten Projektmitarbeitern ausgegangen, die mit der zugesagten Kapazität auch bedarfsgerecht zur Verfügung stehen.
- Die Qualifizierungsmaßnahmen können durch externe Trainer termingerecht durchgeführt werden.
- Es wird davon ausgegangen, daß ein geeigneter Mitarbeiter für GPM-Consulting bis Mai 1993 gefunden wird.
- Die Abstellung der benötigten Experten aus den Fachbereichen für die Projektarbeit wird wie zugesagt erfolgen.
- Der Projektumfang wird nicht wesentlich verändert.

Projektabschluß:
Der Projektabschluß ist gegeben, wenn ein vom Projektlenkungsausschuß und den Betroffenen genehmigter Implementierungsplan vorliegt. Nach Projektabschluß wird eine noch inhaltlich abzustimmende Einführungsunterstützung durch den Projektleiter angeboten.

Projektorganisation:
Projektlenkungsausschuß:
- Leiter Vertrieb
- Leiter Finanzen
- Leiter Logistik
- Leiter Produktion
- Leiter Informatik

Projektleiter:
- Herr Proman

Projektmitarbeiter (Kernteam):
- Frau Purcher, Frau Franke (später GPM-Coach), Herr Sales (später Prozeßverantwortlicher), Herr Sowa

Projektfachberater:
- delegierte Mitarbeiter als Experten aus den Fachbereichen nach Bedarf (< 30% ihrer Kapazität)
- externe Berater nach Bedarf

GPM-Consulting:
- Herr Dr. Schranz

Datum   Unterschrift Auftraggeber

Abb. 12c: Projektauftrag Blatt 3/3

geschätzter Projektaufwand

Position	MM	TDM	gesamt TDM
Qualifizierungsaufwand: • Zielgruppe 1=Projektteam (5 MA) • Zielgruppe 2=Fachbereiche (2 Termine, 15 MA) interne Verrechnung ges. • Trainer inkl. Vorber. (3 Termine) externe Kosten ges. Qualifizierungskosten ges. Die Qualifizierungskosten der restl. MA wird im Rahmen der Weiterbildung durch die PA abgedeckt	2,5 7,5 2,0	25 75 100	 100 100 200
Personalkosten intern: • Projektleiter (1 MA à 100%) • Projektteam (4 MA à 75%)* • GPM-Consultant (1 MA à 50%) interne Verrechnung ges. * GPM-Champion ohne Berechnung Der MP-Aufwand wurde insgesamt auf 24 MM geschätzt, das sind etwa 8 Monate Projektlaufzeit Personalkosten extern: • SCP-Berater (Festbetrag Projekt) externe Kosten ges. Personalkosten ges.	8 24 4	120 240 60 500	 420 500 920
Sonstige Kosten (Portefeuille Projektleiter)		80	80
Projektkosten insgesamt:			1200

Abb. 12anl: Anlage „Aufwand" zu Projektauftrag Abb. 12

evtl. benötigte Hard- und Software (inkl. Kommunikationsnetze) dafür (eigenes Projekt).
- Hard- und Software für die notwendigen Organisationsmittel des Projektteams.
- Mitglieder des Projektlenkungsausschusses (Managementaufgabe).
- Aufwendungen der internen Experten (schwer quantifizierbar)

Eine ebenso wichtige Information ist die Projektorganisation. Hier sind „Roß und Reiter" zu nennen, also wo immer möglich Namen und zugesagte Manpower, besonders die aus dem eigenen Haus. Auch der Prozeßverantwortliche sollte bereits benannt sein.

Jedem Projekt liegen bestimmte Annahmen und Voraussetzungen zugrunde, die Einfluß auf die Projektplanung haben. Sie müssen explizit dokumentiert werden, um spätere Mißverständnisse weitgehend ausschließen zu können.

Die Kosten für unterstützende Informationssysteme sind nicht dem Re-Engineering zuzuordnen.

Es liegt im Interesse der Fachbereiche, ihr fachliches Know-How in das Projekt einzubringen.

Nicht kalkulierbare Einflüsse auf den Projektaufwand sollten dokumentiert werden.

4.5 Die „Kick-off"-Sitzung

In diesem Kapitel werden alle am Projekt beteiligten Personen vorgestellt.

Herr Proman, 38 Jahre, Betriebswirtschaftler, zur Zeit im Vertrieb tätig, projekterfahren. Herr Proman leitet das Projekt.

Herr Proman: „Wir werden die nächsten Monate zusammenarbeiten und wie ich Ihnen bereits sagte, wird das kein Spaziergang werden. Die Mischung aus erfahrenen und weniger erfahrenen Mitarbeiterinnen und Mitarbeitern erscheint mir sehr gut zu sein. Fehlendes Know-how erhalten wir von unserem hausinternen GPM-Consultant und von der Unternehmensberatung SCP. Wir als Projektteam erhalten vor Projektbeginn noch eine umfassende Schulung. Ich habe heute alle am Projekt beteiligten Personen eingeladen, um allen die Möglichkeit zu geben, sich kennenzulernen. Am besten stellt sich jeder vor und sagt, warum er sich als Projektmitarbeiter gemeldet hat, was er mit dem Begriff GPM anfangen kann und was er von unserem Projekt erwartet.

Ich selbst bin 38 Jahre, Betriebswirtschaftler und

Projektauftrag und Projektmanagement 85

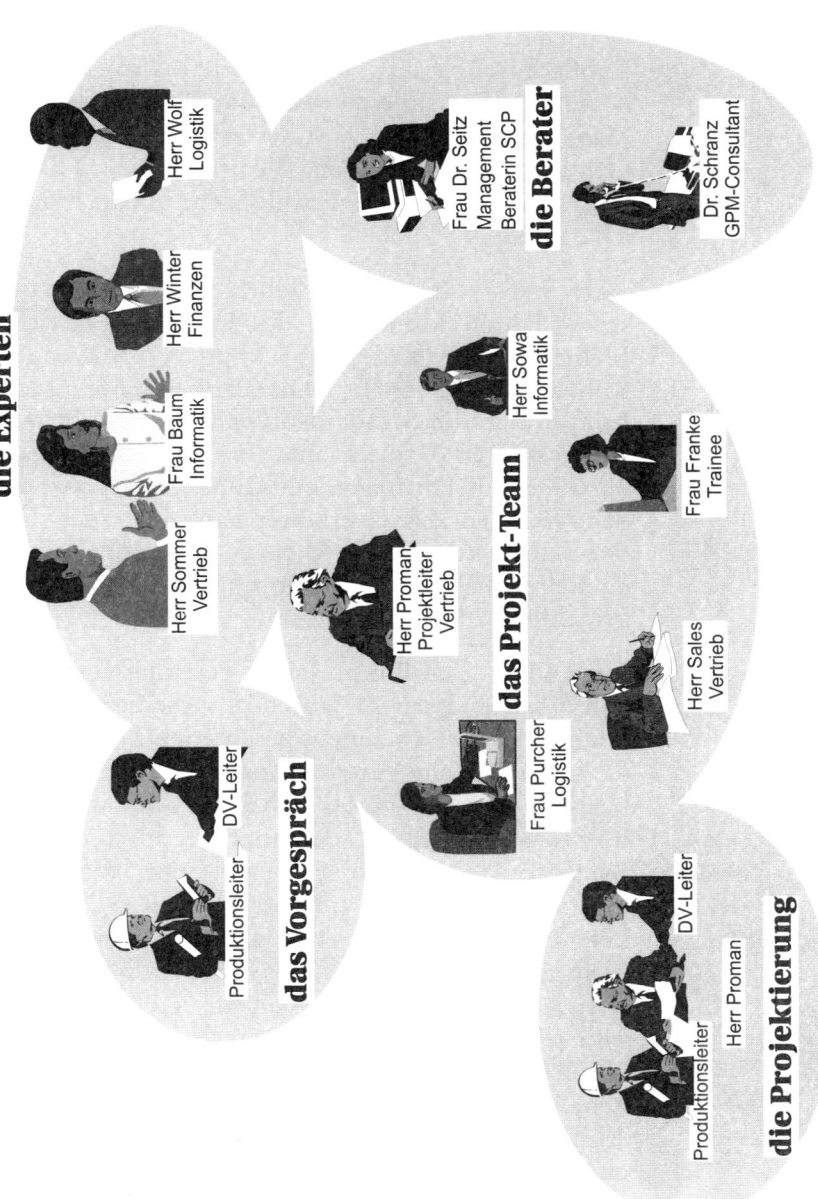

Abb. 13: Projekt-Mitarbeiter

komme aus dem Vertrieb, wo ich primär im administrativen Bereich tätig war. Während dieser Zeit habe ich eine Vielzahl von Projekten unterschiedlicher Größe durchgeführt, wobei ich teils Projektmitarbeiter teils Projektleiter war. Von Geschäftsprozeß Management habe ich viel, besser: viel Unterschiedliches, gehört und gelesen. Wenn nur ein Teil davon umsetzbar ist, ist das eine tolle Sache und da möchte ich dabeisein!"

Herr Sowa: „Ich bin 28 Jahre, Informatiker und seit 4 Jahren Mitarbeiter des Informatikbereichs. Meine Aufgabe ist die Entwicklung von Anwendersoftware, wobei ich die beiden letzten Jahre mit der Einführung von Standardsoftware beschäftigt war. Außer einigen Artikeln in der Fachliteratur habe ich noch keine Erfahrungen mit GPM. Da ich aber aus dem Wenigen, das ich erfahren habe, überzeugt bin, daß Informatik und GPM ein schlagkräftiges Team darstellen, habe ich mich für das GPM-Projektteam gemeldet."

Herr Sales: „Ich bin 52 Jahre, gelernter Industriekaufmann und seit 21 Jahren in verschiedenen Bereichen des Unternehmens beschäftigt. Die letzten 8 Jahre war ich im Vertrieb Europa als Ländersachbearbeiter tätig. Von GPM habe ich nur wenig gehört und gelesen, bin aber, angeregt durch die letzten Gespräche mit Herrn Proman, sehr davon angetan, welche Chancen offensichtlich in GPM stecken. Daß ich diesem Team angehöre, liegt sicher nicht an meinem Know-How über GPM, sondern eher in der Tatsache, daß ich unser Unternehmen und seine wichtigen Mitarbeiter kenne und auch schon eine Vielzahl von größeren Projekten geleitet habe. Darüber hinaus hat der Vertriebsleiter die Absicht, mich zum späteren Prozeßverantwortlichen zu ernennen."

Frau Purcher: „Ich bin 39 Jahre, Wirtschaftsingenieurin, und seit 6 Jahren an leitender Stelle im Lo-

Projektauftrag und Projektmanagement

gistikbereich. Meine Aufgabe ist die Überwachung und Steuerung der Fertigwarenbestände. GPM ist mir schon mehrmals untergekommen, ich kann mir jedoch bis heute noch kein abschließendes Bild über GPM machen. Da meine heutige Aufgabe ein wesentlicher Teil des neuen Prozesses darstellt, war es für mich selbstverständlich, dabeizusein. Unsere heutige Organisation kann durch Verbesserungen der aktuellen Abläufe nicht mehr aufrechterhalten werden, es muß ein radikaler Neuaufbau geschehen und dafür ist GPM ja wohl das richtige Instrument."

Frau Purcher, 39 Jahre, Wirtschaftsingenieurin, zur Zeit im Logistikbereich tätig.

Frau Franke: „Ich bin 34 Jahre, ehemalige Pädagogin und zur Zeit noch als Trainee im Finanzbereich eingesetzt. Meine GPM-Kenntnisse sind rein theoretisch und nicht nennenswert. Meine Mitarbeit im Projektteam verdanke ich der Tatsache, daß man mich als künftigen GPM-Champion aufbauen will. Bis dahin bin ich eine Mitarbeiterin des Teams wie Sie auch."

Frau Franke, 34 Jahre, Pädagogin, zur Zeit im Finanzbereich als Trainee. Soll später die Aufgabe des GPM-Champions übernehmen.

Herr Dr. Schranz: „Ich bin 35 Jahre, habe Betriebswirtschaft studiert und bin seit 2 Jahren im Unternehmen. GPM kenne ich aus meiner Tätigkeit bei einem DV-Hersteller, wo ich an mehreren derartigen Projekten mitgewirkt habe. Die letzten 2 Jahre habe ich mich mit DIN EU ISO 9000ff beschäftigt, und nun werde ich den Bereich GPM-Consulting aufbauen. Im Projekt werde entweder ich oder einer meiner Kollegen mitarbeiten."

Herr Dr. Schranz, 35 Jahre, Betriebswirtschaftler, zur Zeit im Qualitätsbereich tätig. Herr Dr. Schranz hat die Aufgabe, den Bereich GPM-Consulting aufzubauen.

Frau Dr. Seitz: „Ich bin seit 7 Jahren als Managementberaterin bei der Fa. SCP beschäftigt. Wir haben bereits gemeinsam mit verschiedenen Firmen GPM erfolgreich eingeführt, so daß wir mit Recht behaupten können, von der Sache etwas zu verstehen. Ihr Unternehmen kenne ich bereits durch einige gemeinsam gelöste Aufgaben. Meine Aufgaben bei diesem Projekt sind

Frau Dr. Seitz, Managementberaterin bei SCP Keimdorf. Hat Erfahrung mit der Einführung von GPM. Soll das Projekt beratend begleiten.

- die Durchführung der ersten Qualifizierungsmaßnahmen
- die Methodenberatung bei GPM
- die Sicherstellung des Know-How-Transfers
- das Coachen der Projektmitarbeiter
- Managementberatung im Zusammenhang mit GPM

Ich freue mich auf die Zusammenarbeit mit einem so motivierten Team."

Herr Proman: "Nachdem wir uns nun ein wenig kennengelernt habern, möchte ich noch ein paar Sätze zu unserer Arbeitsweise im Team sagen. Jeder von uns hat ausreichende Kenntnisse in

- Projektmanagement
- Moderations- und Präsentationstechniken
- Büroautomation

Die im Unternehmen eingeführte Projektmanagementmethode wird von uns ohne Einschränkung angewendet.
Die Vorgehensweise, das heißt das GPM-Phasenmodell, wie es die Fa. SCP bereits mehrfach praktiziert hat, ist für uns verbindlich.
Unsere erste Aufgabe ist die gemeinsame Erarbeitung eines Projektphasenplans.
Die Dokumentation des geleisteten Aufwands erfolgt täglich. Vorhersehbare Terminüberschreitungen sind sofort zu melden.
Einmal monatlich werde ich dem Projektlenkungsausschuß einen mit Ihnen abgestimmten Report (mit einer Projektabrechnung) vorlegen.
Probleme und Konflikte werden – soweit sie nicht selbst gelöst werden können – im Team besprochen.

Spielregeln bei der Projektarbeit müssen sein.

Alles andere regeln wir im Einzelfall. Ich gehe davon aus, daß Sie die zugesagte Zeit für die Projektarbeit auch einhalten können. Ergeben sich nennenswerte Änderungen, dann bitte ich um Rück-

sprache. Ihre Urlaubsplanung ist im Team abzustimmen.
Wir treffen uns alle erstmalig zur Projektarbeit am 3. Mai, Uhrzeit und Ort kennen Sie bereits.
Ich wünsche uns allen Erfolg bei dieser großen Aufgabe."

Die vielen Regeln des Projektmanagements müssen an dieser Stelle nicht erörtert werden, auf einen Punkt allerdings soll eingegangen werden: das Projekt-Reporting. Trotz des Bestrebens, die Projektdokumentation auf ein Minimum zu beschränken, sollte der Projektfortschritt dennoch transparent sein, um möglicherweise steuernd eingreifen zu können. Wir haben deshalb die formalen Projektinformationen auf drei regelmäßig erstellte Informationsblätter reduziert.

Der Einsatz von Projektmanagementmethoden sollten für jedes Unternehmen selbstverständlich sein.

– *den fortgeschriebenen Projektphasenplan, der auf einem DIN A4-Blatt die zeitliche Entwicklung widerspiegelt*

Der monatlich fortgeschriebene Projektphasenplan zeigt den zeitlichen Projektfortschritt im Vergleich zur ursprünglichen Planung. Dabei wird für jede Projektphase die tatsächlich benötigte und die noch geplante Zeit dargestellt.

Ob das Projekt noch „inline", also innerhalb der geplanten Termine liegt, muß klar dokumentiert werden.

– *einen monatlichen Statusbericht, der den Ressourcenverbrauch offenlegt.*

Der Projekt-Statusbericht wird monatlich erstellt und spiegelt den Projektaufwand (Kosten) je Verursacher wider. Ein Balkendiagramm verdeutlicht das Verhältnis von geplantem und effektiv verbrauchten Projektkosten. Je Verursacher werden die aufgewendeten Kosten monatlich fortgeschrieben und geben damit ein exaktes Bild über den Stand der Projektkosten. Aus unserer Erfahrung reicht die Aufteilung nach der Manpower für interne und ex-

Die Überwachung der geplanten Projektkosten wird durch den Projektstatusbericht verdeutlicht.

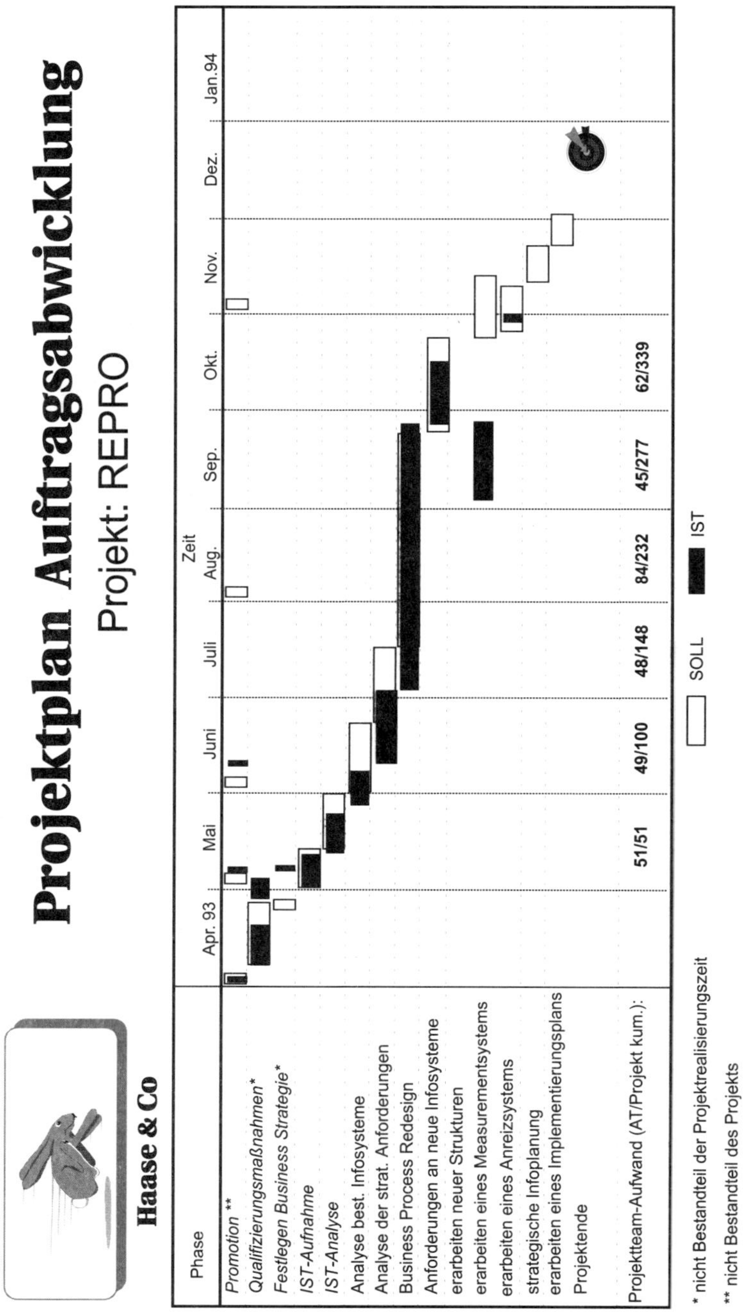

Abb. 14: Projektplan

Projektauftrag und Projektmanagement

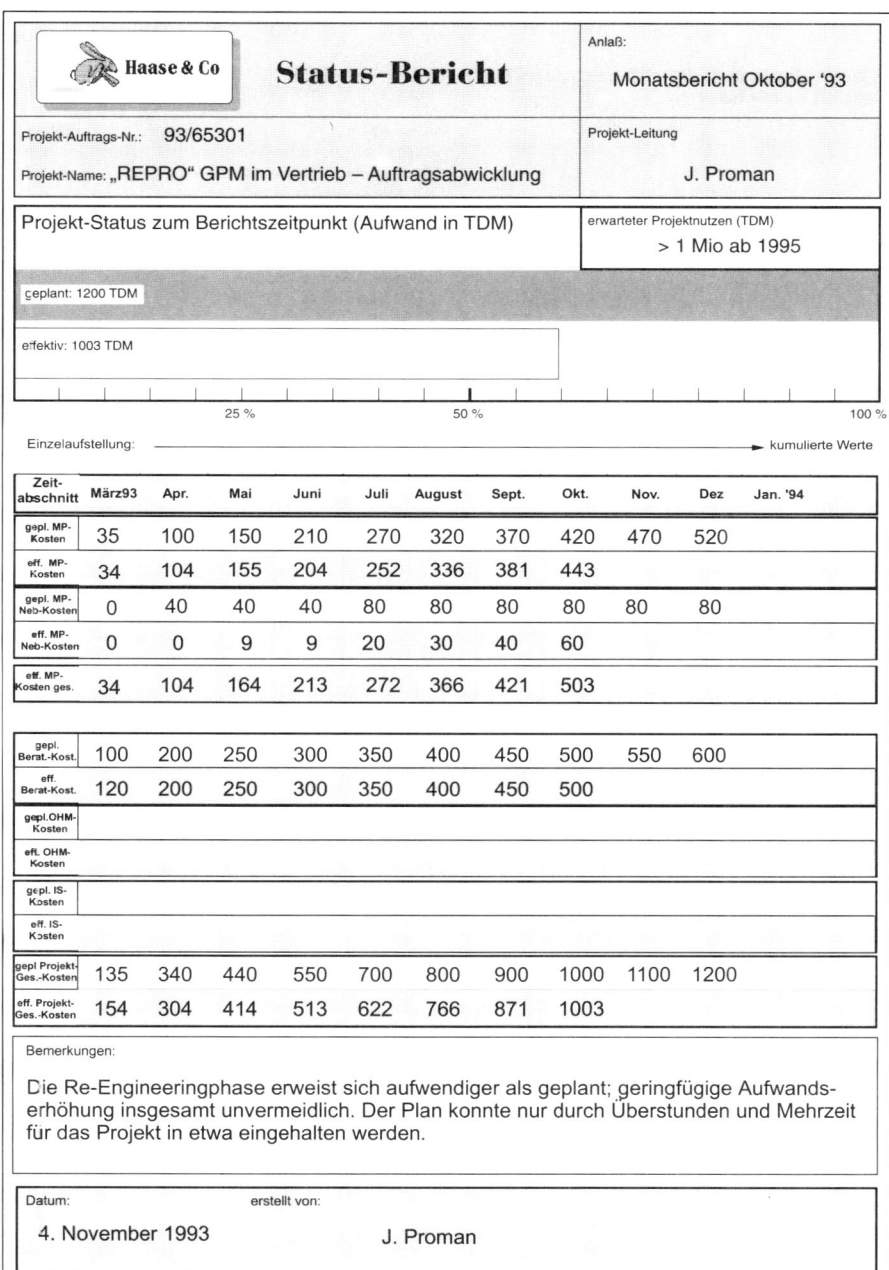

Abb. 15: Projekt-Statusbericht

•'Wenn der Schuh drückt, liegt es nicht immer am Schuh'

Ein Report zum Ende des Redesigns 1.Teil

Fürth. 3. November 1994.

Die Arbeit des Projektkernteams hat sich intensiviert. Die anfängliche Verunsicherung der Mitarbeiter wich einem vorsichtigen Vertrauen in die Zielsetzung des Projekts. Trotzdem spürt man weiter eine gewisse Irritation, die aber eher aus der allgemeinen Situation im Unternehmen resultiert.

Der Prozeß der Auftragsabwicklung wurde gemeinsam mit dem Projektteam restrukturiert und liegt als Konzept dem Auftraggeber vor. **Auf dieser Basis** wurden die Anforderungen an ein unterstützendes Informationssystem formuliert. Sie orientieren sich **ausschließlich** an den Bedürfnissen des Auftragsabwicklungsprozesses und damit auch an den Wünschen der Kunden. Leider sind die Planungen für eine bedarfsgerechte Standardsoftware schon zu weit fortgeschritten, um diese Forderungen noch als Kriterium für die **Auswahl** dieser Systeme berücksichtigen zu können. Mit den Projektverantwortlichen müssen deshalb schnellstens Gespräche geführt werden, wobei GPM-Consulting beratend involviert sein sollte. Welche Informationssysteme letztendlich genutzt werden und wie groß das Customizing sein wird, muß dann vom DV-Koordinator festgelegt werden.

Offen sind noch die Projektphasen

* Definition eines Measurementsystems
* Änderung der Strukturorganisation
* Erarbeiten eines Anreizsystems

Dazu werden wir in den nächsten Tagen Entscheidungsunterlagen vorlegen. Desweiteren muß die Harmonisierung der definierten Schnittstellen vom künftigen Processowner noch erarbeitet werden. Ein Muster eines solchen Business Level Agreements liegt der Prozeßdokumentation bei. GPM-Consulting ist dabei beratend beteiligt.
Wir haben mit einigen Firmen vergleichbarer Struktur Kontakte aufgenommen, um im Rahmen eines Benchmarkings Vergleichswerte für den Auftragsabwicklungsprozeß zu erhalten. Im Dezember werden wir deshalb die erforderlichen Vorgespräche aufnehmen. In das konkrete Prozeß-Benchmarking wird der zukünftige Prozeßmanager einbezogen.
In diesem Zusammenhang möchten wir noch einmal darauf hinweisen, daß die Installation eines Pro-

zeßverantwortlichen ein fundamentaler Erfolgsfaktor von Geschäftsprozeß Management ist.

Die Aufgaben:
* Erhalten von Transparenz über Prozeßstruktur
* Überwachen der Prozeßperformance
* Durchsetzen prozessualer Interessen
* Entwickeln des Prozesses in die Zukunft

Das Anforderungsprofil:
* Fähigkeit zur prozessualen und strategischen Denkweise
* kommunikative Kompetenz,
* Kenntnis des operativen Tagesgeschäfts,
* Durchsetzungsvermögen.

Bevor erste Implementierungsschritte unternommen werden, muß dafür eine Person benannt werden.

Wir schlagen vor, unser Konzept des redesignten Auftragsabwicklungsprozesses im Rahmen einer Präsentation den Areamanagern vorzustellen.

Der Auftragsabwicklungsprozeß für Großanlagen wurde noch nicht fertiggestellt. Im wesentlichen fehlt die Entscheidung für eine der erarbeiteten zukünftigen Varianten (zentral oder dezentral) des Großanlagengeschäfts (wir verweisen auf unsere Ausarbeitung vom 2.10.94 im Rahmen der IST-Analyse).
Mit Herrn Schneider (techn. Support) wurde eine IST-Aufnahme seines Aufgabengebiets durchgeführt. Wir verweisen in diesem Zusammenhang auf unseren Vorschlag , wo der techn. Support als eigener Prozeß dedefiniert ist..

Nur für Dr. Hillerich:
Um auf unser Leitthema zurückzukommen: das Projekt kommt nicht so zügig voran, wie das möglich wäre. Einen Grund dafür zu benennen, fällt schwer, weil der gute Wille allerorts zu erkennen ist. Das hilft jedoch wenig, wenn dringende Entscheidungen oder tatkräftige Mitarbeit erforderlich sind. Re-Engineering kann nirgendwo als Fertigpaket eingekauft werden, sondern nur in Zusammenarbeit mit den Fachbereichen erarbeitet werden. Zeitmangel allein kann nicht die Ursache sein, nach unserer Einschätzung fehlt der "Leidensdruck" bei den Entscheidungsträgern. Ein Indiz dafür ist, daß das Projekt nicht wie geplant abgeschlossen werden kann. Es können vermutlich bis Ende Oktober nur 55% unserer geplanten Beratungsleistung abgerufen werden; der Rest muß ins neue GJ übertragen werden. Die Verzögerung bedeutet aber auch eine Erhöhung des Aufwands bei uns und beim Auftraggeber.

Abb. 16: Report zum Projekt

Projektauftrag und Projektmanagement 93

terne Mitarbeiter, die Kosten für Dienstreisen u. ä. sowie Organisationshilfsmittel.

– *einen unterhaltsam und kritisch geschriebenen Report, der die Ereignisse des vergangenen Monats erwähnt und somit eine gewisse Transparenz über das Projektgeschehen schafft.*

Viele wichtige Erkenntnisse lassen sich aus nackten Zahlen nicht ziehen.
Zwischenmenschliche Probleme dürfen z. B. weder einen erkennbaren Terminverzug noch einen höheren Aufwand nach sich ziehen. „Klimatische Störungen" sind in den meisten Fällen die Ursache für schlechte Qualität.
Erste erkennbare Anzeichen für kommende Probleme sollten rechtzeitig signalisiert werden.
Aber auch positive Trends und Erkenntnisse bei der Projektarbeit sollten kommuniziert werden.
All das sollte den Projektverantwortlichen im Rahmen eines flott geschriebenen Reports mitgeteilt werden.

„Atmosphärische Störungen" bei der Projektarbeit sind nicht immer an den Zahlen erkennbar. Sie erfordern ein subtileres Berichtswesen.

5 Das Projekt wird gestartet

5.1 IST-Aufnahme, damit man weiß, woran man arbeitet

Die Wichtigkeit einer IST-Aufnahme und -analyse wird erläutert. Die dafür anzuwendende Methode und der sinnvolle Verdichtungsgrad werden anhand von Beispielen verdeutlicht.

Herr Sowa: „Ich bin gegen eine IST-Aufnahme, weil GPM nach meinem Verständnis die struktur- und bereichsunabhängige Neugestaltung von Prozessen zum Ziel hat. Was also soll das Erheben der heutigen Abläufe? Das ist doch alles Schnee von gestern."

Frau Purcher: „Richtig, das provoziert nur die Verbesserung der existierenden Abläufe und verhindert so das ganzheitliche, radikale Umdenken."

Herr Sales: „Ich will ja keinem zu nahe treten, wer von Ihnen kennt denn die Erfordernisse des Vertriebs? Ich komme aus dem Vertrieb, aber auch für mich liegen noch viele Abläufe im Dunkeln. Und wer sagt Ihnen, daß die von uns befragten Experten uns alle wesentlichen Dinge berichten? Dabei will ich keinem Mitarbeiter unterstellen, daß er bewußt etwas verschweigt, obwohl das nicht ganz auszuschließen ist."

<small>Wenn Prozesse neu gestaltet werden, sollte man wissen, wie die heutigen Abläufe aussehen.</small>

Frau Franke: „Das ist ein Argument, das mich überzeugt. Wenn wir die Prozesse neu gestalten, sollten wir wissen, was wir eigentlich verändern wollen."

<small>Eine IST-Aufnahme kostet Zeit und damit Geld, das darf man nicht übersehen.</small>

Herr Sowa: „Eine IST-Aufnahme mit anschließender Analyse kostet uns und die Fachbereiche aber eine Menge Zeit, das sollten wir nicht vergessen."

Das Projekt wird gestartet

Herr Proman: „Wenn wir dadurch mehr Transparenz gewinnen, ist die Zeit gut genutzt. Ich persönlich fühle mich mich auch sicherer, wenn ich die heutigen Abläufe kenne und nach dem Re-Engineering wenigstens einen Quercheck machen kann, ob wir bei den neuen Prozessen wirklich alles berücksichtigt haben."

Frau Purcher: „Wenn schon eine IST-Aufnahme, dann sollte sie zumindest mit minimalem Aufwand durchgeführt werden. Das heißt, nicht jeden einzelnen Vorgang akribisch festhalten, sondern nur ganze Funktionsblöcke, wie wir das in der Schulung auch gehört haben."

Herr Sales: „Richtig, das genügt, um die heutigen Abläufe verstehen zu können. Ganz wichtig erscheint mir allerdings, daß die Funktionen, die sich im Hintergrund, also innerhalb der Datenverarbeitung abspielen, erhellt werden. Hier können uns die Fachabteilungen vermutlich nur bedingt helfen."

Es ist nicht notwendig, jeden einzelnen Handgriff zu erfassen.

Frau Franke: „Wir haben ja einen Experten aus dem Informatikbereich dabei. Durch Informationssysteme abgedeckte Aktivitäten müssen ebenso betrachtet werden."

Herr Sowa: „Wir müssen noch Ablauf und Inhalt des Workshops zur IST-Aufnahme festlegen."

Frau Purcher: „Wir haben im Rahmen der Schulung einen Vorschlag für einen derartigen Workshop erhalten. Den würde ich erst einmal ohne Änderung umsetzen."

Herr Proman: „Dann lassen Sie uns einmal die richtigen Experten aus den Fachbereichen einladen."

Herr Sowa: „Laden Sie die Manager ein, dann hören Sie, wie es sein sollte, nicht wie der Ablauf wirklich ist."

Wenn Sie die Bereichsleiter zu einer IST-Aufnahme einladen, hören Sie, wie es sein soll und nicht wie es ist.

Herr Sales: „Wen müssen wir dazu einladen? Was ist für unsere künftige Aufgabe wichtig und was nicht?"

Frau Franke: „Laden wir zuerst Mitarbeiter aus dem Vertrieb ein. Danach können wir anhand der erkannten Schnittstellen zu anderen Bereichen erkennen, welche Fachbereiche noch mit einbezogen werden müssen."

Herr Proman: „Das ist ein guter und pragmatischer Vorschlag. Wir haben große Aufgaben, beginnen wir!"

> Herr Proman lädt kompetente Mitarbeiter aus dem Vertrieb zu einem Workshop ein. Thema ist die Erfassung des IST-Ablaufs.

Wichtig ist zu Beginn eines Workshops die sogenannte „Warming-up-Phase". Blockaden müssen abgebaut, Spielregeln erklärt und Vertrauen aufgebaut werden.

Herr Proman zu Beginn des Workshops: „Sie wissen aus den durchgeführten Schulungsmaßnahmen, was die Ziele unseres Projekts sind. Ihre Aufgabe ist es nun, uns die bestehenden Abläufe transparent zu machen, damit wir einen vollständigen Überblick darüber erhalten, was heute im Vertrieb im Rahmen der Auftragsabwicklung abläuft, nicht wie es ablaufen sollte. Um die Zeit dafür auf ein vernünftiges Maß zu begrenzen, verzichten wir auf einen allzu großen Detaillierungsgrad. Ich schlage vor, Sie erzählen uns, wie die heutigen Abläufe aussehen, und wir werden sie dann mittels der Metaplantechnik dokumentieren. Dabei werden wir gemeinsam den richtigen Aggregationsgrad erarbeiten.

Wichtig ist nur, daß wir erkennen, welche Aktivitäten (Prozeßschritte) unter welchen Bedingungen durchgeführt werden, **was** dafür an Informationen, Daten, Dienstleistungen oder Produkten benötigt und **was** daraus an Informationen, Daten, Dienstleistungen oder Produkten erzeugt wird. Wie die detaillierte Verarbeitung dann im einzelnen abläuft, werden wir erfragen und – wenn zum Verständnis

Das Projekt wird gestartet

 **IST-Aufnahme Workshop**

- Ziel des Workshops
- Ablauf des Workshops
- Regeln

- Gespräch: Beschreibung der heutigen Aufgabe

- Dok.-Schema: Input - Verarbeitung - Output
- Verarbeitung: Kurze Beschreibung
- Bedingung für die Aktivität
- woher kommt Input?
- wohin geht Output?
- werden IS eingesetzt, welche?

- IST-Dokumentation mit allen tangierten Bereichen/Personen verifizieren.

- IST-Aufnahme - soweit erforderlich - mit restl. Bereichen durchführen und abschließend verifizieren
- offene Schnittstellen klären

- gesamte IST-Dokumentation allen Bereichsmanagern präsentieren

IST-Dokumentation verabschieden und veröffentlichen

Abb. 17: Ablaufplan Workshop „IST-Aufnahme"

Vermeiden Sie bei der IST-Aufnahme den Eindruck eines Verhörs.

notwendig – auch dokumentieren. Fangen wir einfach einmal an. Bitte Herr Sommer, legen Sie los."

Herr Sommer: „Wo soll ich anfangen? Die Auftragsabwicklung fängt ja wohl mit dem Auftrag an. Also, wir erhalten einen Auftrag, den wir dann am Bildschirm mit dem Transaktionscode ‚AUERF' eingeben. Dabei müssen wir unser Kennwort eingeben und..."

Zwischenfragen sind Bestandteil der Spielregeln und müssen erlaubt sein.

Herr Sowa: „Darf ich einmal unterbrechen. Gibt es immer sofort einen Auftrag oder fragt der Kunde erst einmal an?"

Herr Sommer: „Manchmal gibt es auch nur Anfragen, aber das ist nicht die Regel."

Frau Franke: „Mit welchem Transaktionscode der Auftrag erfaßt wird, ist nicht wichtig. Auch daß Sie sich am Terminal identifizieren müssen, ist für den Prozeß nicht wesentlich. Viel bedeutender ist, was Sie tun, wenn der Kunde bei Ihnen anfragt."

Herr Sommer: „Es kommt vor, daß der Kunde ein Produkt will, aber unsere Artikelnummer nicht kennt. Dann müssen wir erst einmal feststellen, ob wir das überhaupt liefern können."

Herr Sales: „Wie machen Sie das? Können Sie das sofort feststellen, oder hilft Ihnen jemand dabei?"

Vieles ist für den Befragten selbstverständlich, nicht für den Fragenden.

Herr Sommer: „Meist können wir das, aber es kommt auch vor, daß wir das Produktmanagement fragen müssen. Wir telefonieren dann, und häufig ist der Produktmanager auf Reisen. Dann versuchen wir es anderweitig zu klären, und das ist furchtbar aufwendig. Wenn wir bessere Informationssysteme hätten, könnten wir alles selbst klären. Ich habe das dem DV-Leiter schon etliche Male gesagt, aber bisher ist nichts geschehen. Also wir benötigen eine Liste aller lieferbaren Produkte..."

Das Projekt wird gestartet

Herr Proman: „Es reicht uns die Aussage, daß es Fälle gibt, wo Sie Informationen von anderen Bereichen benötigen, um die Kundenanfragen zu verifizieren."

Herr Herbst: „Das ist aber sehr aufwendig und kostet eine Menge Zeit, und viel Erfahrung ist dabei notwendig. Das können Sie auch mit dem besten System nicht ersetzen."

Frau Franke: „Es geht bei unserer IST-Aufnahme nicht darum, Ihre heutige Tätigkeit zu bewerten oder zu verbessern. Wir wollen nur wissen, was Sie machen und was Sie dazu benötigen. Die Zahl der dokumentierten Aktivitäten läßt keinen Rückschluß zu, wie kompliziert Ihre Tätigkeit ist und wie lange Sie dazu benötigen."

Der richtige Aggregationsgrad muß während der Befragung erarbeitet werden.

Herr Sommer: „Ich bin nur vorsichtig. Wenn jemand Ihre Dokumentation betrachtet, ist die Gefahr groß, daß er annimmt, daß die paar Aktivitäten jemand anderer auch noch tun kann und dann ist mein Arbeitsplatz weg!"

Angst muß abgebaut werden. Die Zahl der Aktivitäten sagt nichts über die Komplexität der Aktivität aus.

Frau Purcher: „Sie sagten, daß der Auftrag am Bildschirm eingegeben wird. Ist das dazugehörende Programm nur in Ihrem PC oder eines im zentralen System?

Herr Sommer: „Wenn ich es genau betrachte, vermerke ich die Anfragen nur in meiner Kartei. Erst wenn es einigermaßen feststeht, daß es ein richtiger Auftrag wird, wird er in das zentrale System eingegeben, glaube ich. Da sollten Sie aber mit unserem DV-Koordinator sprechen, der weiß das besser als ich."

Je länger man etwas betrachtet, desto öfter entdeckt man Unbekanntes.

Abb. 18a bis 18c zeigen einen Teil der IST Aufnahmedokumentation „Angebotserstellung". Hier eine kurze Erläuterung des Ablaufs:
Der Kunde fragt im Vertrieb an, ob sein Wunsch/Bedarf erfüllt werden kann. Die Anfrage wird in einer Handkartei festgehalten. Handelt es sich um Produkte aus dem normalen Lieferprogramm, werden mit dem Kunden sofort alle erforderlichen Absprachen wie Liefertermin, Preise, Liefer- und Zahlungsbedingungen und ähnliche Auftragsparameter abgeklärt. Wünscht der Kunde Produkte außerhalb des normalen Programms, wird mit dem Kunden ein weiterer Kontakt vereinbart. Mit verschiedenen Bereichen wird die Anfrage besprochen und verifiziert. Danach erfolgt eine Kontaktaufnahme mit dem Kunden, um weitere Absprachen wie Liefertermin, Preise, Liefer- und Zahlungsbedingungen zu vereinbaren.
Der Vertriebs-Sachbearbeiter läßt nun vom Finanzbereich die Bonität überprüfen. Das Ergebnis der Prüfung wird dem Vertrieb mitgeteilt. Ist die Bonität des Kunden nicht gegeben, wird dem Kunden eine Absage erteilt und die in der Handkartei entsprechend vermerkt.
Im anderen Fall wird geprüft, ob und wann der Auftrag wunschgemäß beliefert werden kann. Das geschieht durch die Prüfung des eigenen Bestands, des Bestands anderer Vertriebsbereiche und der offenen Lieferzusagen der Lieferanten. Auf die restl. Dokumentation des heutigen Ablaufs verzichten wir, da es hier nur um die Art der Dokumentation geht.

Das Projekt wird gestartet

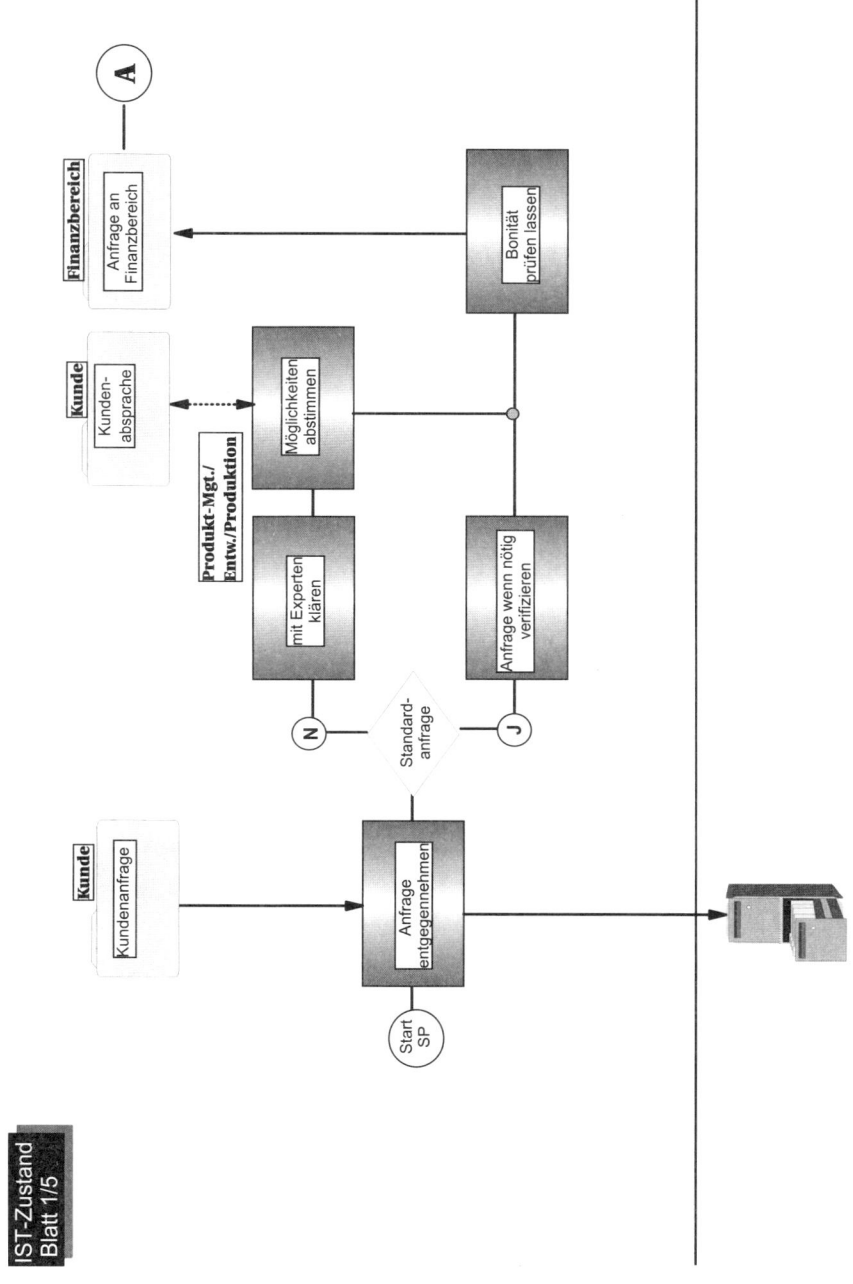

Abb. 18a: IST-Dokumentation Blatt 1

102   Das Projekt wird gestartet

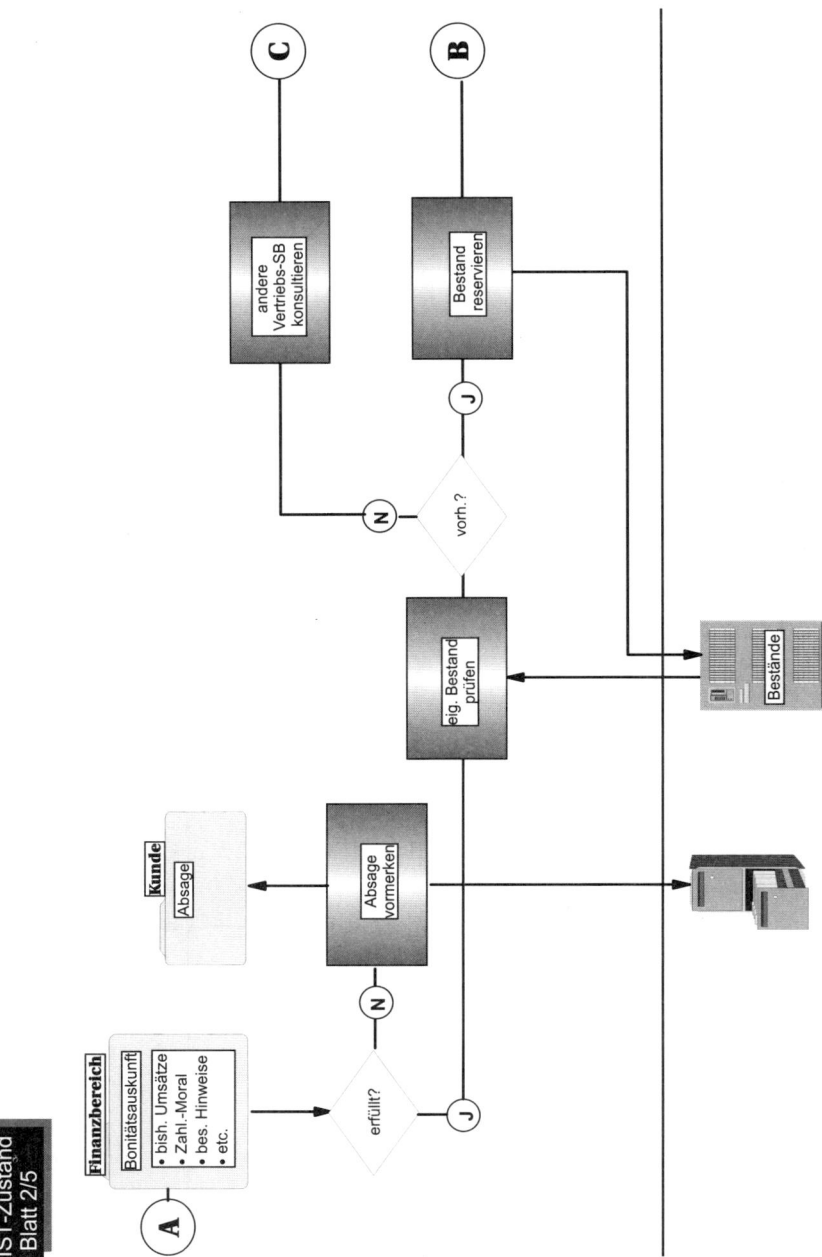

Abb. 18b: IST-Dokumentation Blatt 2

Das Projekt wird gestartet

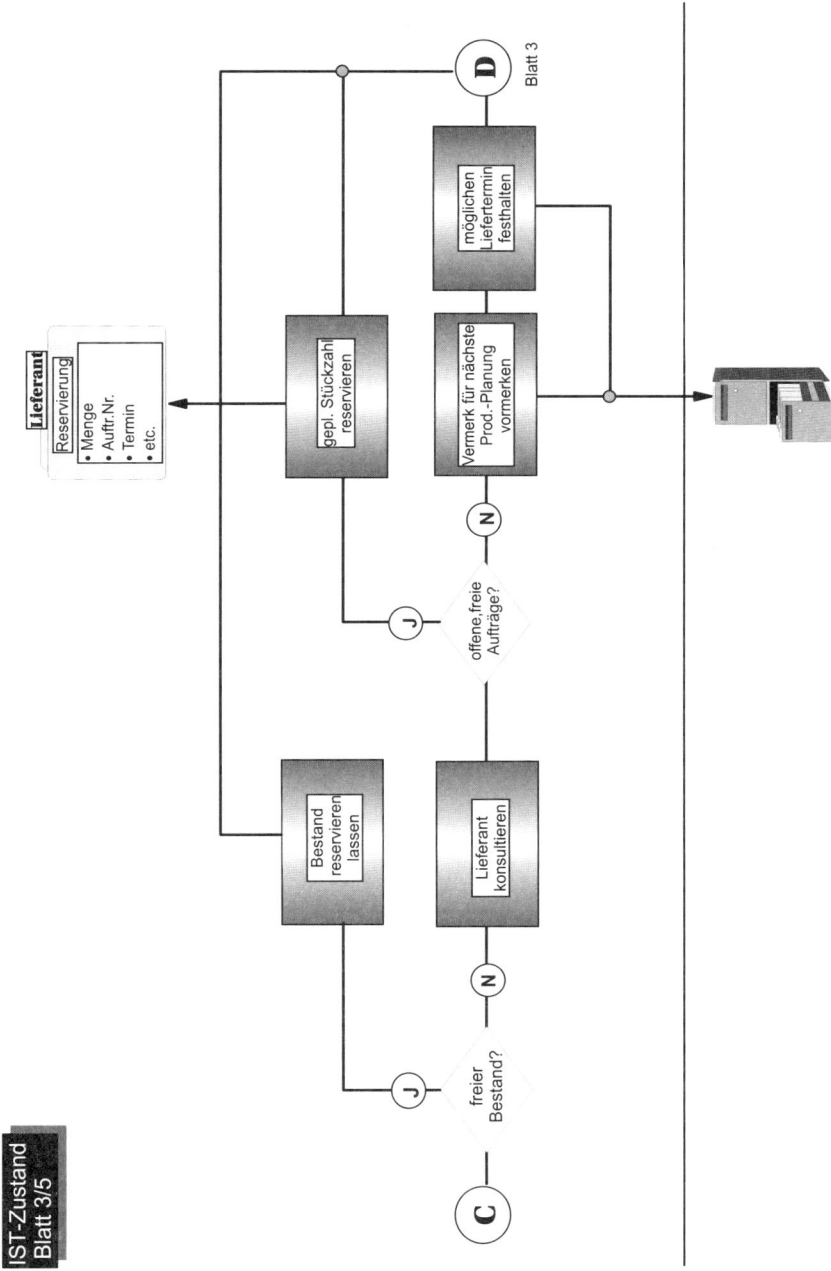

Abb. 18c: IST-Dokumentation Blatt 3

Es gibt für und gegen eine IST-Aufnahme gute Argumente.

Die IST-Aufnahme wird auf einer aggregierten Ebene durchgeführt.

Es ist ein uralter Streit, ob eine IST-Aufnahme vor einer Neuorganisation sinnvoll ist oder nicht. Es gibt für beide Seiten gute Argumente.

Auf die IST-Aufnahme zu verzichten und unbelastet die neuen Prozesse einem Re-Engineering zu unterwerfen setzt voraus, daß das Projektteam de facto nur aus Fachleuten besteht. Das ist jedoch im Grunde nichts anderes als eine „stille IST-Aufnahme in den Köpfen", ohne sicher zu sein, daß alle den gleichen Wissenshintergrund haben.

Wir haben uns aufgrund unserer Erfahrungen für einen Kompromiß entschieden. Wir führen IST-Aufnahmen im Rahmen von Workshops durch. Um den Aufwand auf das unbedingt Notwendige zu beschränken, findet die Dokumentation des IST-Zustands auf einer aggregierten Ebene statt. Das heißt, wir wollen nur wissen, welche Informationen, Daten, Dienstleistungen oder Produkte zur Bewältigung der heutigen Abläufe (Aktivitäten) benötigt und welche erzeugt werden. Es interessiert uns, woher sie kommen und an wen sie gehen; uns interessiert nicht, wie sie enstehen. Das spart Zeit und versorgt uns mit allen nötigen Informationen.

Wenn bei der Aktivität dann noch angegeben wird, ob sie von einer bestimmten Bedingung abhängt, und was die nächste Aktivität ist, besitzen wir alle erforderlichen Informationen.

Das Raster ist ganz einfach:

- *Input: Was wird von wem für die Aktivität benötigt?*
- *Aktivität: Was wird daraus gemacht?*
- *Output: Wer erhält was aus der Aktivität?*
- *Wo geht es weiter?*

Um den Erfolg des neuen Prozesses, soweit möglich, messen zu können, müssen derzeitige Kosten, Zeiten und Qualitätskennzahlen aufgeschrieben werden. Sie sind auch die Voraussetzung dafür, um nach Projektabschluß einen Ausgangswert für die Meßzahlen zu fixieren.

Das Projekt wird gestartet

Zum Workshop werden operativ tätige Mitarbeiter als Experten eingeladen, möglichst ohne deren Manager. Dadurch erfährt man die tatsächlichen Abläufe und nicht wie sie eigentlich sein sollten. Der Moderator muß ein Profi sein, der ähnliche Workshops schon geleitet hat. Seine Aufgabe ist es, zu hinterfragen und zu vergleichen. Er muß auch solche Abläufe erfragen, die nicht im Organisationshandbuch stehen.

Der Moderator derartiger Workshops muß große Erfahrung haben.

Die Anzahl der Personen sollte auf maximal 6 bis 8 begrenzt sein. Die Dauer sollte je Sitzung einen Tag nicht überschreiten. Auf alle Fälle sollte eine kompetente Person aus dem Informatikbereich dabei sein, wenn Informationssysteme im Ablauf genutzt werden. Informationssysteme verkörpern maschinell ablaufende Aktivitäten, die häufig für den Anwender nicht klar erkennbar sind.

Es wird aus wirtschaftlichen Gründen meist nicht möglich sein, alle an einem Prozeß Beteiligten zusammen zu einem Workshop einzuladen. Werden mehrere Workshops abgehalten, muß eine Konsolidierung am Ende aller Sitzungen durchgeführt werden.

Der Workshop beginnt damit, daß die einfachen Spielregeln erklärt werden, danach werden Sinn und Zweck dieser Aufnahme erläutert. Den Teilnehmern muß glaubhaft versichert werden, daß die dokumentierten Abläufe nur aufgrund der Vereinfachung (Verdichtung) nicht sehr voluminös aussehen, trotzdem aber kompliziert sein können oder umgekehrt. Damit vermeidet man, daß seltene oder konstruierte Sonderfälle ausführlich dokumentiert werden, nur um die Wichtigkeit des Befragten darzustellen.

Vermeiden Sie die detaillierte Erfassung von Sonderfällen.

Der IST-Ablauf muß nicht unbedingt chronologisch aufgenommen werden. Die Metaplantechnik erlaubt nachträgliche Einfügungen und Korrekturen, die dann ein sinnvolles Ganzes ergeben. Die Hauptarbeit des Projektteams besteht darin, anschließend einen vernetzten Gesamtablauf gra-

Die Metaplantechnik erlaubt eine chaotische Erfassung der Abläufe. Sie muß abschließend jedoch verifiziert werden.

phisch darzustellen. Das Team sollte dies tun, weil es

- *sich dabei gut in die Materie einarbeiten kann,*
- *alle tangierten Bereiche erkennt,*
- *die Schnittstellenproblematik aufzeigt,*
- *Redundanzen und überflüssige Aktivitäten sieht,*
- *durch eine graphische Darstellung besser die Zusammenhänge erkennen kann.*

Zur Unterstützung kann jedes beliebige Graphiktool verwendet werden.

Am Ende muß die IST-Dokumentation von allen Betroffenen bestätigt werden.

Ist das geschehen, werden offene Punkte geklärt und die endgültige Dokumentation den Mitarbeitern an der IST-Aufnahme und deren Managern zur Kontrolle vorgelegt.

Es ist ganz erstaunlich, daß im Regelfall die endgültige Dokumentation der heutigen Abläufe bei allen an diesen Abläufen Beteiligten Erstaunen und einen gewissen „Aha-Effekt" auslöst. Auch wenn Abläufe bisher schon durch DIN/ISO 9000ff oder anderweitig dokumentiert sind, vermitteln diese auf die wesentlichsten Dinge reduzierten Charts neue Erkenntnisse und Einsichten.

5.2 Das Analysereview, um Schwachstellen aufzudecken und, wenn möglich, kurzfristige Verbesserungen zu veranlassen

Bei jeder IST-Analyse werden Schwachstellen aufgedeckt, die schnell und einfach, auch ohne Re-Engineering, zu verbessern sind. Worauf es dabei ankommt, sagt dieses Kapitel.

Schlecht oder nicht genutzte Informationssysteme sind typische Ansatzpunkte für schnelle Verbesserungen.

Herr Proman: „Das mit den Fachbereichen abgestimmte IST haben wir aufgenommen, welchen Eindruck haben Sie nun?"

Frau Franke: „Ich war überrascht, wieviele Fachbereiche mit der Auftragsabwicklung im Vertrieb tatsächlich befaßt sind. Es fiel mir auch auf, daß sehr viel Papier hin- und hergeht."

Frau Purcher: „Ich habe bei einigen Mitarbeitern aus den Fachbereichen festgestellt, daß sie die ge-

Das Projekt wird gestartet

nutzten Informationssysteme entweder überhaupt nicht oder nicht richtig nutzen."

Herr Sowa: „In vielen Bereichen existiert entweder kein Support durch Informationssysteme oder es werden nur simple ‚Officetools' eingesetzt."

Herr Sales: „Wir brauchen in vielen Fällen GPM gar nicht einsetzen, wenn wir Verbesserungen erreichen wollen. Ich habe bereits eine Anzahl von Schwachstellen entdeckt, die auch ohne GPM abgestellt werden könnten. Man kann z. B. durch die Vergrößerung des Entscheidungsrahmens für die Bonitätsprüfung von Kunden schon eine Verkürzung der Durchlaufzeit bringen und damit ganz schnell mehr Effektivität."

Herr Sowa: „Das kann man sicher, aber läuft man damit nicht Gefahr, daß man die Abläufe nach einer mehr oder weniger aufwendigen Änderung, nach dem Re-Engineering erneut ändern oder sogar wegwerfen kann?"

Kostenträchtige Änderungen, die unter Umständen durch das Re-Engineering überflüssig werden, sind zu vermeiden.

Frau Franke: „Ganz richtig, das wäre ja nicht das erste Mal, daß sich die von einem Bereich veranlaßten Programmänderungen für andere Bereiche als Nachteil erweisen."

Frau Purcher: „Warum eigentlich dieses Review? Wir betrachten alle erkannten Schwachstellen im Rahmen des GPM-Projekts, und damit hat es sich. Und wir sparen obendrein noch Zeit!"

Ja, warum eigentlich das Analyse-Review? Der Grund ist, daß bis zur Einführung reengineerter Prozesse in der Regel viel Zeit vergeht und bis dahin schnell durchführbare Verbesserungen nicht ignoriert oder hinausgezögert werden sollten.
Mit dem Analyse-Review kann auch ein Motivationsschub erfolgen, konstruktiv am Projekt mit-

Wenn Verbesserungen kostengünstig bereits vor dem Re-Engineering zu erzielen sind, sollte man sofort handeln.

zuwirken, weil man sieht, daß sich relativ schnell Erfolge erzielen lassen.

Typische Ansatzpunkte für schnelle Verbesserungsmöglichkeiten sind:

- *schlecht oder nicht genutzte Informationssysteme*
- *Wegfall von nicht benötigten Listen, Informationen oder sonstigen Dokumenten*
- *Erweiterung des Entscheidungsrahmens*

Es ist natürlich darauf zu achten, daß der Aufwand für derartige, kurzfristig zu realisierenden Verbesserungen relativ gering ist, und die Maßnahmen nicht das nachfolgende Re-Engineering erschweren.

Außer kurzfristig zu realisierender Verbesserungsvorschläge, enthält der Bericht auch eine fundierte Analyse des heutigen Ablaufs.

Das Analyse Review ist ein Bericht, der dem Auftraggeber und dem Lenkungsausschuß vorgelegt wird. Er enthält den dem Bericht zugrunde liegenden Untersuchungsrahmen und das Ergebnis der Analyse aller untersuchten Bereiche. Dabei sind sowohl objektive, aber auch subjektive Eindrücke aufzuführen. Zu den objektiven Fakten gehören

- *die bei der IST-Aufnahme vorgefundene Situation,*
- *die definierten Aufgaben und*
- *die vorhandenen Ressourcen der untersuchten Bereiche.*

Häufig sind es gerade die subjektiven Eindrücke, die die vorhandenen Schwachstellen, aber auch die Stärken, verdeutlichen.

Zu den subjektiven Eindrücken gehört die Darstellung,

- *wie die Aufgaben der Bereiche erfüllt werden und*
- *wie die dort vorhandenen Ressourcen eingesetzt werden.*

Auf der Basis dieser Aussagen sind die kurzfristigen Verbesserungspotentiale aufzuzeigen, aber auch die wichtigsten Ansatzpunkte für das spätere Re-Engineering.

Einen Ausschnitt aus diesem Analyse Review zeigt folgende Abbildung:

Das Projekt wird gestartet 109

Analyse Review

Projekt-Nr.: MM9501

Haase&Co

c. Projektrealisation

- **Aufgaben**
  - hohe Aufgabenintegration und Kundenorientierung
  - Verantwortung für Projektrealisierung und Betreibergeschäft (Pay-TV - Abwicklung)

- **Durchführung**
  - Abhängigkeit von der Qualität der Vorgaben aus dem Vertrieb
  - bei besserer Ansteuerung könnten einzelne Aufgaben professioneller abgewickelt werden, z.B. Einkauf von Komponenten, Projektmanagement usw.
  - keine prozeßorientierten, unterstützenden Informationssysteme, deshalb typische Engpaß-Funktion

- **Rolle**
  - Kümmererfunktion, ähnlich Produktmanagement, deshalb regelmäßig überlastet

- **Ressourcen**
  - durch Aufgabenintegration und Komplexität des Produktes anspruchsvolle Aufgabe, die hohes Qualifikationsniveau erfordert

Abb. 19: Ausschnitt „Analyse Review"

Die vorhandene Informationstechnologie, die existierenden Kommunikationsnetze sowie die eingesetzten Informationssysteme müssen analysiert und bewertet werden. Worauf es dabei ankommt, erläutert dieses Kapitel.

Bei der Beurteilung der eingesetzten Informationssysteme geht es primär nicht um die Qualität des Informatikbereichs.

Mängel in der Informationsversorgung der Fachbereiche haben ihre Ursache meist auch bei den Fachbereichen.

5.3 Wie sind die existierenden Informationssysteme einzuschätzen?

Frau Franke: „Ich mußte leider feststellen, daß die meisten eingesetzten Informationssysteme mehr behindern, als nutzen. Und wenn sie einmal wirklich unterstützen könnten, dann werden sie nicht genutzt."

Herr Sowa: „Wessen Schuld ist das denn? Etwa die der Informatik? Fragen Sie mal jemanden aus dem Fachbereich, was er eigentlich benötigt. Nur vage Aussagen, mit denen man nichts anfangen kann. Aber wenn die Programme fertig sind, hat jeder etwas daran auszusetzen."

Frau Purcher: „Wer versteht denn dieses 'Fachchinesisch' der Informatiker? Wenn wir einmal versuchen unsere Wünsche zu äußern, dann heißt es sofort, ‚Das geht nicht' oder ‚Das ist zu teuer'. Aber meist werden wir doch gar nicht gefragt, die Fachbereiche werden einfach mit neuen Programmen ‚beglückt' und dann allein gelassen."

Herr Proman: „Bleiben wir doch sachlich, auch wenn wir alle wissen, daß bei der Informationsversorgung der Fachbereiche vieles im argen liegt: Die Ursache liegt mit Sicherheit nicht nur im Informatikbereich, sondern auch bei den Nutzern. Wir wollen doch nur feststellen, welche Programme eingesetzt werden, wie sie genutzt werden und welche Technologie dahintersteht. Wie ist die Systemlandschaft, gibt es brauchbare Kommunikationsnetze, wie sieht die Strategie des Informatikbereichs aus, wird Standardsoftware eingesetzt und weitere ähnliche Erhebungen."

Herr Sowa: „Die gesamte Datenverarbeitung ist heute zentral ausgerichtet, das heißt, es gibt einen Zentralrechner, auf dem alle wesentlichen Pro-

Das Projekt wird gestartet

gramme laufen. Daneben gibt es eine Vielzahl von Endbenutzeranwendungen, die individuell erstellt und benutzt werden. Das ist eine der Ursachen für das Chaos, das wir zur Zeit haben. Jeder glaubt, der PC sei dazu da, ausschließlich seinen Spieltrieb zu befriedigen, ob das andere behindert oder Doppelarbeit verursacht, ist völlig unwichtig. Wenn dann die babylonische Sprachverwirrung da ist, schreit man nach der Informatik. Kommunikationsnetze gibt es zwar, aber nicht unternehmensweit. Hier gilt das gleiche wie für Endbenutzerprogramme. Das Allheilmittel ‚Standardsoftware' ist in verschiedenen Fachbereichen eingesetzt oder zumindest in der Planung."

Herr Sales: „Hören Sie mir auf mit Standardsoftware! Im Vertrieb mußten wir unsere gesamte Organisation umstellen, um sie überhaupt vernünftig einsetzen zu können. Unsere zusätzlichen Wünsche wurden abgeschmettert, weil die Änderung dieser sogenannten standardisierten Software angeblich zu teuer oder nicht möglich war. Da hätten wir auch gleich bei unseren selbstgestrickten Programmen bleiben können."

Herr Proman: „Es geht doch nicht um Schuldzuweisungen. Wir wissen alle, daß in beiden Bereichen Fehler gemacht wurden, sagen wir einmal, fast alle wissen es. Was wir wollen, ist eine objektive Beurteilung, ob und wie die heutigen Informationssysteme ihre Aufgabe erfüllen".

Frau Purcher: „Zur Beurteilung der heute eingesetzten Informationssysteme müssen wir nur die Nutzer fragen, wie sie mit der Bedienung und den Funktionen zufrieden sind."

Herr Sales: „Wir müssen herausfinden, wer für welche Software zuständig ist, wer sie nutzt und wofür. Wie hoch ist der heutige Aufwand für die Wartung

Das „Allheilmittel Standardsoftware" kompensiert keine schlechte Organisation.

Ein wichtiges Indiz für die Qualität der Organisation in den Fachbereichen ist auch der Wartungsaufwand für die eingesetzte Software.

Re-Engineering heißt nicht, alle heute eingesetzten Informationssysteme zu eliminieren.

Das im Informatikbereich vorhandene Know How ist ein wichtiger Einflußfaktor für die künftigen Prozesse.

Die Analyse der eingesetzten Informationssysteme darf keine Anrechnung mit dem Informatikbereich darstellen.

und in welchem technischen Zustand sind die Programme? Hat es Sinn, beim Re-Engineering auf die vorhandene Software zurückzugreifen?"

Es geht in dieser Phase nicht primär um die Verbesserung der eingesetzten Informationssysteme. Im Rahmen des GPM-Projekts sollen ja neue Prozesse erarbeitet werden, für die dann Informationssysteme beschafft werden sollen, die diese Prozesse zielorientiert und benutzerfreundlich unterstützen. Es muß aber auch geprüft werden, ob die vorhandenen Informationssysteme oder zumindest Teile davon verwendet werden können.

Es geht auch darum, wie weit die Datenverarbeitung bereits die Abläufe durchdrungen hat, welche technologischen Möglichkeiten der Informatik erschlossen sind, welche strategischen Planungen hinsichtlich Hard- und Software existieren, welche Infrastrukturen für die Datenkommunikation vorhanden sind, wie die Bedienoberflächen aussehen und nicht zuletzt, welcher Skill im Informatikbereich vorhanden ist.

Die Beurteilung der heutigen Abläufe und ihre Auswirkung auf die neuen Prozesse wird wesentlich davon geprägt sein, welche Qualität die genutzten Informationssysteme aufweisen. Es ist wichtig, das Alter und den Aufwand für die Wartung von Informationssystemen sowie die dafür anfallenden Kosten zu kennen.

Eine Hilfe für die Beurteilung von Informationssystemen kann die nachfolgende Checkliste sein:

Fazit: Die Analyse der eingesetzten Informationssysteme sollte keine Abrechnung mit dem Informatikbereich sein, das hilft nicht weiter. Es soll erkannt werden, welche Aktivitäten heute durch die DV unterstützt bzw. abgedeckt werden und es sollen Lücken in der Systemlandschaft, Schwächen in der Aktualität und Genauigkeit, sowie Integrationsmängel aufgezeigt werden. Aber auch positive Informationen, wie das vorhandene Know-how in

Das Projekt wird gestartet

Checkliste "Beurteilung der eingesetzten Informationssysteme"

Informationssystem:	Trifft weitgehend zu	Trifft teilweise zu	Trifft eher nicht zu
Alle Funktionen werden wie gefordert erfüllt			
Die Bedienoberfläche entspricht dem vogegebenen Standard			
Die Nutzerfreundlichkeit (Bedienbarkeit, Informationsumfang, Qualität, Daten-Layout) des Informationssystems ist gut			
Die Antwortzeiten bzw. Laufzeiten sind in der Regel akzeptabel			
Die Verfügbarkeit des Informationssystems ist ausreichend			
Die Sicherheit der Daten hinsichtlich unbefugter Zugriffe und bei Verlust ist ausreichend			
Die Rekonstruktion der Daten bei Systemausfall ist möglich			
Die Durchgängigkeit zu anderen genutzten Informationssystemen ist gegeben			
Der Systemverantwortliche ist benannt			
Die Stabilität des Netzes ist ausreichend			
Für die Nutzung des Informationssystems werden (Nach-) Schulungen angeboten			
Die Dokumentation des Informationssystems ist gut			
Im Bedarfsfall steht ein Systemexperte zur Verfügung			
Hard- und Software sind technologisch auf dem letzten Stand			
Der Wartungsaufwand ist in vertretbaren Grenzen			

SW Eigenentw. Informatik	SW Eigenentw. Endbenutzer	Standard-Anw.-SW	Host-Lösung	PC-Lösung	Client-Server-Lösung	Sonstiges

Jahr der Erstanschaffung	Datum der letzten Änderung	System-verantwortlicher	Wartungsaufwand (MM pro Jahr)

Datum	Unterschrift

Abb. 20: Checkliste „Beurteilung IS"

Fach- und Informatikbereich, sowie die existierende und geplante Informationstechnologie können zur Sprache kommen. Die Analyse sollte auch keine Vorwegnahme des späteren Informationsbedarfs für die redesignten Prozesse sein. Das vorhandene Wissen und die existierende Technologie muß aber, wenn möglich, beim Re-Engineering berücksichtigt werden. Das stellt keine Umgehung unserer Strategie „IT follows process" dar, sondern dient nur dazu, vorhandenes Know-how und Equipment zu nutzen, wo es sinnvoll ist.

An der Tatsache, daß einzig der Prozeß Art und Umfang der Unterstützung durch die Informationsverarbeitung bestimmen sollte, geht kein Weg vorbei. Das häufig gehörte Argument, bestimmte Funktionen können durch Standardsoftware nicht abgedeckt werden, ist in den meisten Fällen nicht haltbar. Es ist sicher viel effektiver, die eingesetzte Software durch den Prozeß bestimmen zu lassen. Häufig ist auch der erarbeitete, neue Prozeß nicht wirklich allein auf das Prozeßergebnis fokussiert und enthält noch zu viele, aus der Vergangenheit stammende Aktivitäten und Schnittstellen. Auch fehlende Kenntnisse über den tatsächlichen Funktionsumfang der Standardsoftware verleiten dazu, die Prozesse den Programmen anzupassen. In nur ganz wenigen Fällen ist die Modifikation des erarbeiteten Prozesses notwendig, sofern das nicht durch eine Anpassung bzw. Ergänzung (Add-on) der Standardsoftware umgangen werden kann.

> Die Modularität heutiger Standardsoftwaresysteme ist in fast allen Fällen ausreichend, jede benötigte Funktionalität abzudecken.

5.4 Die bereichsstrategischen Vorstellungen werden konkretisiert

Herr Proman: „Die ersten Projektphasen haben wir hinter uns. Wir wissen jetzt alle, wie die heutigen Abläufe aussehen und welche Bereiche daran beteiligt sind. Wir haben eine Reihe von schnell realisierbaren Verbesserungen in die Wege geleitet, die anhand der IST-Analyse erkennbar waren. Was uns

> Prozesse müssen die strategische Unternehmensausrichtung mitgehen und unterstützen.

Das Projekt wird gestartet

jetzt noch fehlt, sind die strategischen Anforderungen des künftigen Process Owners. Dafür sind Sie, Herr Sales, ja wohl zuständig."

Herr Sales: „Da muß ich erst einmal passen. Ich kenne nur den Business Plan, der primär die Absatzplanungen für die nächsten 4 Jahre enthält. Dann gibt es noch das Unternehmensleitbild, das die üblichen Absichtserklärungen für Mitarbeiter, Qualität und Kunden enthält und neuerdings auch noch die Verpflichtung zur Qualität von Produkten und Prozessen im Rahmen von ISO 9000ff. Reicht uns das, Re-Engineering durchzuführen?"

Frau Purcher: „Was steht denn in diesen Unterlagen? Der Kunde ist König, wir wollen unseren Umsatz erhöhen, neue Zielgruppen für unsere Produkte erschließen und nur die beste Qualität liefern. Diese Absichtserklärungen helfen uns sicher wenig."

Frau Franke: „Ganz so trivial sind die Aussagen ja nicht. Es steht schon etwas mehr darin. Hier werden z. B. Expansionspfade zur Entwicklung logistischer Kernkompetenz angekündigt. Es wird der Aufbau eines globalen Netzes von Auftragsabwicklungszentren mit Stützpunkten in Europa, Fernost, Südafrika und Nahost in den nächsten zwei Jahren geplant. Im Bereich der IT wird die Schaffung von Datentransparenz durch einen regelmäßigen Austausch von Datensätzen realisiert. Diese und ähnliche strategische Ansätze sind doch schon ganz schön konkret."

Herr Sowa: „Warum sind diese strategischen Aussagen denn so wichtig? Es gibt doch nichts Beständigeres als die Änderung. Wen interessiert das Gerede von gestern? Strategien sind dazu da, daß man sie permanent ändert."

Absichtserklärungen als Ersatz für konkrete strategische Aussagen helfen nicht weiter.

Es gibt nichts Beständigeres als die Veränderung. Warum also Strategien?

Herr Proman: „Diese Art von Strategien meine ich nicht. Allgemeine Floskeln oder nur kurzfristig geltende Überlegungen sind für ein Reengineeringvorhaben nicht hilfreich. Die Unternehmensführung muß gezwungen werden, Visionen zu entwickeln, die in den wesentlichsten Punkten auch langfristig verfolgt werden."

Frau Franke: „Was hat die langfristig angelegte Strategie mit den relativ kurzfristig zu realisierenden Prozessen zu tun? Visionen können nur langfristig Realität werden, aber Prozesse müssen möglichst schnell greifen."

<small>Wir können uns nicht erlauben, Re-Engineering Projekte in kurzen Abständen durchzuführen.</small>

Herr Proman: „Richtig, unser Projekt muß schnell realisiert werden. Aber es soll auch langfristig angelegt werden. Wir können uns nicht erlauben, derartige Re-Engineeringprojekte in kurzen Abständen durchzuführen. Das ist nicht nur teuer, es verursacht auch im Unternehmen große organisatorische Veränderungen, die nur in Ausnahmefällen zu verkraften sind."

Herr Sales: „Ich bin mir immer noch nicht sicher, welchen Einfluß Strategien auf den Prozeß haben sollen."

Herr Sowa: „Ich gehe davon aus, daß zur Erreichung von Prozeßzielen viele Wege führen. Um den **richtigen** Weg zu wählen, kann die Strategie sehr wertvoll sein. Auch künftige Entwicklungen und Einflüsse interner oder externer Art muß der Prozeß zumindest berücksichtigen. Wenn z. B. langfristig beabsichtigt ist, den Vertrieb zu regionalisieren, dann macht es Sinn, diesen Aspekt bereits heute im Auge zu behalten."

Herr Proman: „Sehr richtig. Es wird allerdings nicht einfach sein, unser Topmanagement davon zu überzeugen, daß Strategien nur dann diesen Namen

Das Projekt wird gestartet

verdienen, wenn sie auch mit der notwendigen Intensität erarbeitet wurden."

Herr Sales: „Was ist mit den strategischen Aussagen zur Qualität im Rahmen von TQM oder DIN EU ISO 9000ff? Welche Bedeutung hat z. B. die strategische Entscheidung, Standardsoftware einzusetzen?"

Frau Franke: „Die Verpflichtung zur Qualität, wie sie von DIN ISO 9000ff gefordert wird, wird mit Sicherheit unsere Prozesse prägen, die Absicht Standardsoftware einzuführen, weniger. Es kann eine strategische Entscheidung sein, für alle nicht erfolgskritischen Prozesse Standardsoftware einzusetzen; die Entscheidung für Standardpakete ist in erster Linie eine Frage der Ressourcen."

Herr Proman: „Ich glaube, wir sind uns einig, daß die strategischen Anforderungen an den Prozeß wichtig sind. Herr Sales wird deshalb als künftiger Process Owner mit den Bereichsverantwortlichen die für uns relevanten Strategien erarbeiten. Einverstanden?"

> Herr Sales vereinbart mit dem verantwortlichen Bereichsmanager einen Termin, seine strategischen Ziele darzulegen.

Herr Herbst: „Sie möchten zusätzlich zu den Ihnen bereits vorliegenden strategischen Unterlagen wie Business Pläne, TQM-Verpflichtungen u. ä. Dokumentationen weitere strategische Daten von uns?"

Frau Paiske: „Ja, wir möchten alle strategischen Aussagen kennen, die Einfluß auf die künftige Prozeßgestaltung haben müssen. Das heißt:

- *Wo sehen Sie langfristig Ihre Kernkompetenzen?*
- *Werden Sie langfristig das gleiche Produktspektrum und die gleichen Vertriebswege haben?*
- *Wie schätzen Sie langfristig den Wettbewerb ein?*

Welche Bedeutung hat die strategische Entscheidung, ISO 9000ff einzusetzen?

Die strategische Ausrichtung eines Fachbereichs erfolgt im Rahmen der Unternehmensstrategien und ist die Aufgabe des Bereichs in Zusammenarbeit mit dem Process Owner.

Es ist keineswegs einfach, die strategische Ausrichtung zu formulieren.

◆ *Wo sehen Sie langfristig Ihre Stärken, wo Ihre Schwächen?*
◆ *Wollen bzw. können Sie langfristig ohne Allianzen mit anderen Unternehmen auskommen?*
◆ *Haben Sie Planungen, bestimmte Produktgruppen oder Standorte aufzugeben oder hinzuzunehmen?*
◆ *Rechnen Sie langfristig mit gravierenden gesetzlichen oder tarifpolitischen Veränderungen?*
◆ *Haben Sie vor, im Zuge politischer oder gesellschaftsrelevanter Trends Ihre Vertriebspolitik zu ändern?*

Die strategischen Anforderungen an den Prozeß zu definieren bedeutet, die künftigen externen und internen Einflüsse weitgehend zu berücksichtigen.

Diese und ähnliche Fragen müssen beantwortet werden können, wenn die künftigen Prozesse die zukünftigen internen oder externen Einflüsse sowie Ihre strategischen Planungen berücksichtigen sollen. Wo sehen Sie künftig Ihre Kernkompetenzen im Vertrieb?"

Herr Herbst: „Unser Geschäft ist heute der Vertrieb von Produkten der Unterhaltungselektronik. Und genau da ist auch unsere Kernkompetenz."

Herr Proman: „Gilt das auch für die Zukunft?"

Herr Herbst: „Wir werden unsere Produktpalette erweitern müssen und Bausätze für Konfektionäre liefern. Das eröffnet uns zusätzliche Märkte, die aus wirtschaftlichen Gründen keine Fertigware importieren können oder dürfen. Wenn uns das gelingt, können wir sicher von uns nicht mehr benötigtes Fertigungsequipment vertreiben und nicht zuletzt auch unser Know-how als Dienstleistung."

Frau Paiske: „Werden Sie künftig auch Fremdprodukte vertreiben?"

Herr Herbst: „Ob wir langfristig auch Fremdmarken vertreiben, also Produkte, die nicht in unseren

Das Projekt wird gestartet

eigenen Fabriken hergestellt bzw. nicht für uns zugekauft wurden, bezweifle ich."

Frau Paiske: „Wie sind Ihre künftigen Vertriebswege?"

Herr Herbst: „Die Vertriebswege werden sich mit Sicherheit verändern, weil sich das Produktspektrum, die Kunden und die Märkte verändern. Der Wettbewerb ist gnadenlos und wird sich weiter verschärfen. Eine unserer Schwächen ist die Europa-Lastigkeit und da vor allem der Schwerpunkt Deutschland. Wir müssen deshalb neue Märkte angehen, indem wir dort eigene Vertriebsbereiche aufbauen. Der heute dominierende Vertriebsstandort Deutschland wird zugunsten anderer Länder zurückgefahren werden müssen. Unsere Stärken liegen dann in einem europaweit ausgebauten Vertriebs- und Servicenetz. Wir werden auf Dauer sicher nicht ohne Allianzen auch im Vertrieb auskommen, das heißt, wir müssen fremde Vertriebsgesellschaften nutzen. Wir müssen auch die Kunden enger an das Unternehmen binden, indem wir den After Sales Service um neue Aktivitäten erweitern."

<aside>Wie sollen die Kernkompetenzen des Unternehmens ausgebaut werden?</aside>

Herr Proman: „Gibt es noch andere äußere Einflüsse, die Sie in Ihrer Strategie berücksichtigen?"

Herr Herbst: „Übergreifende Märkte werden vermutlich andere gesetzliche, tarifpolitische, ökologische oder ethische Anforderungen erzwingen. Auch außerhalb Deutschlands wird z. B. der Schutz der Umwelt immer mehr an Bedeutung gewinnen. Wir müssen deshalb frühzeitig solche Veränderungen erkennen können."

<aside>Externe Einflüsse zwingen zu einer ständigen Anpassung der Prozesse.</aside>

Herr Sales: „Mit diesen Informationen kommen wir schon ein gutes Stück weiter. Im Bedarfsfall werden wir Sie im Rahmen der Berichterstattung im Projektlenkungsausschuß ansprechen. Vielen Dank."

Für die Prozeßausrichtung werden Visionen benötigt, auch die, die meist unausgesprochen und unkonkretisiert in den Köpfen der Unternehmensleitung existieren. Sie zu konkretisieren ist wichtig.

Jedes Unternehmen hat Strategien, die mehr oder weniger dokumentiert sind. Dabei handelt es sich meist um allgemeine Absichtserklärungen, den Kunden in das Zentrum allen Bemühens zu stellen, die Mitarbeiter als Basis eines jeden Erfolgs auszuweisen, die Produkt- und Prozeßqualität zu steigern und ähnliche, mehr oder weniger konkrete Erklärungen. Diese jedermann zugänglichen Leitsätze, sind für Business Process Re-Engineering meist nur bedingt brauchbar. Auch die sogenannten Business Pläne, sind ihrem Wesen nach meist nichts anderes als Absatzplanungen mit mehr oder weniger großer Zielgenauigkeit. Für die Prozeßausrichtung werden aber Visionen benötigt, die in der Regel unausgesprochen und unkonkretisiert in den Köpfen der Unternehmensleitung vorhanden sind. Für die Prozeßgestaltung müssen diese Vorstellungen konkretisiert sein.

Das folgende Instrument hilft bei dieser systematisierten Vorgehensweise[6]. Was sollte bei der Definition der Strategie mindestens beachtet werden?

Externe Einflüsse sind oft nur sehr schwer einschätzbar.

Extern:
1. Rivalität innerhalb des Markts
2. Bedrohung durch neue Konkurrenten
3. Bedrohung durch Substitutionsprodukte
4. Gefahr durch zunehmende Verhandlungsstärke des Käufers
5. Gefahr der zunehmenden Verhandlungsstärke der Lieferanten

Interne Einflüsse müssen rechtzeitig erkannt werden.

Intern:
1. Gefahr durch den Verlust von Kompetenzen
2. Zunehmende Ineffizienz der Organisationsstruktur
3. Die Veränderung der Wertvorstellung von Mitarbeitern

---

[6] Porter, Michael E. (1985): Competitive Strategy. Creating and Sustaining Superior Performance, New York.

6 Geschäftsprozeß Management

6.1 Der erste Schritt ist immer schwierig

Die systematische und strukturierte Vorgehensweise beim Re-Engineering wird anhand des konkreten Beispiels „Angebotserstellung" verdeutlicht. Die schwierigen Fragen: „Womit beginnen?" und „Ein Prozeß oder mehrere Subprozesse?" werden beantwortet.

Herr Proman: „Wir haben jetzt einen wichtigen, vermutlich den wichtigsten Meilenstein erreicht. Wir wissen, welche Abläufe heute zur Auftragsabwicklung gehören, wir haben das IST inklusive der genutzten Informationssysteme analysiert und auf Schwachstellen abgeklopft, wir haben offensichtliche Verbesserungspotentiale genutzt und kennen die strategischen Anforderungen. Jetzt geht es darum, dort weiterzumachen, wo in der Vergangenheit Schluß gemacht wurde."

Herr Sowa: „Wir haben zwar schon einmal darüber gesprochen. Aber gibt es wirklich keine Tools, die das Re-Engineering unterstützen? Wer die Fachpresse aufmerksam liest, wird stets an solche erfolgreichen Tools erinnert."

Es gibt eine Vielzahl von Tools zur Unterstützung des Re-Engineerings, aber keines, das die Kopfarbeit ersetzt.

Frau Franke: „Wenn mit Unterstützung die Dokumentation oder eine nachträgliche Simulation redesignter Prozesse gemeint ist, gebe ich Ihnen recht. Das Neugestalten eines Prozesses, fokussiert auf ein definiertes Prozessziel, ist meines Erachtens ein intellektueller Prozeß, der sich im Kopf abspielen muß und (noch) nicht von einem Tool ersetzt werden kann."

Herr Sales: „Wo sollen wir anfangen oder besser womit?"

Frau Purcher: „Mit dem Anfang natürlich. Der Prozeß beginnt laut Projektauftrag mit dem ersten Kundenkontakt und endet mit dem Zahlungseingang für gelieferte Produkte."

Manchmal ist es sinnvoller, das Pferd von hinten aufzuzäumen.

Herr Sowa: „Ist es nicht sinnvoller, mit dem Ende anzufangen? Und sollte man das Projekt nicht in kleine überschaubare Teile zerlegen, also in Subprozesse?"

Subprozesse sollten objektorientiert ausgerichtet werden.

Frau Purcher: „Die Aufteilung in überschaubare Subprozesse finde ich zwar gut, befürchte aber wieder eine bereichsorientierte Vorgehensweise."

Herr Sales: „Die Subprozesse dürfen sich deshalb nicht nach den alten Strukturen richten, sondern nach fachlich-inhaltlichen Gegebenheiten, also objektorientiert."

Subprozesse müssen einen definierten Anfang und ein sinnvolles Ende (Subprozeßziel) haben.

Herr Sowa: „Dann muß aber auch je Subprozeß ein Anfang und ein Ende definiert werden."

Frau Franke: „Das wäre dann im Subprozeß ‚Angebotserstellung' der erste Kundenkontakt und das Angebot an den Kunden."

Herr Sales: „Bei der ‚Auftragserfassung' ist es der Empfang des Kundenauftrags und die Auftragsbestätigung an den Kunden."

Frau Purcher: „Bei der ‚Auftragsrealisierung' ist es der Auftrag zur Realisierung und die Auslieferung inkl. aller Versandpapiere."

Herr Sales: „Die restlichen Aufgaben bei der Auftragsabwicklung sind nicht so eindeutig zu definieren, das muß im einzelnen noch erarbeitet werden."

Herr Proman: „Mit Ihren Vorschlägen bin ich einverstanden, notfalls muß man eben noch verbes-

Geschäftsprozeß Management 123

sern. Beginnen wir also mit der Angebotserstellung. Wen müssen wir dazu einladen?"

Frau Franke: „Wir müssen uns noch darüber einigen, wie derartige Re-Engineering Sessions ablaufen. Ich empfehle die Metaplantechnik."

Frau Purcher: „Die Metaplantechnik finde ich nicht gut, weil sie häufig zu Debattierklubs führt und nur Personen mit ausgeprägtem Selbstdarstellungsdrang eine Chance gibt."

Herr Sowa: „Die Metaplantechnik steht und fällt mit dem Moderator. Fehlt er, sind alle anderen Methoden vorzuziehen. Ich bin aber sicher, daß unser Projektteam diesen Anforderungen gewachsen ist."

Frau Purcher: „Also nichts wie ran, beginnen wir mit dem Re-Engineering!"

Herr Sowa: „Wie ein Angebot aussieht, weiß doch jeder! Ein Produkt wird in einer bestimmten Menge, zu einem bestimmten Preis und zu einem festgelegten Termin angeboten. Das wär's."

Frau Franke: „Das heißt also, für das Re-Engineering benötigen wir überhaupt kein externes Know-how, weil Sie alles wissen. Was ist mit der Informatik und dem Vertrieb?"

Herr Sales: „Den Vertrieb vertrete ich und bei Bedarf kann ich mir ja entsprechenden Rat holen."

Herr Sowa: „Ich bin aus dem Informatikbereich und kann deren Interessen schon vertreten. Im Bedarfsfall bitte auch ich einen Experten oder eine Expertin hinzu."

Herr Proman: „Was ist mit den besprochenen Measurements und den Schnittstellen?"

> Neue Prozesse werden teamorientiert erarbeitet. Das spricht für den Einsatz der Metaplantechnik.

> Re-Engineering ohne die Mitarbeit der Experten in den Fachbereichen kann nicht gutgehen.

Frau Purcher: „Wir alle, das gesamte Projektteam, können doch nicht in Anspruch nehmen, die neuen Prozesse ohne die Expertise von Fachleuten modellieren zu können! Wollen Sie allen Ernstes den Fachleuten vorschreiben, was sie künftig zu tun haben, ohne sie in das Re-Engineering einbezogen zu haben? Da ist der Flop ist doch vorprogrammiert."

Die Akzeptanz der neuen Prozesse ist das Ergebnis von echter Teamarbeit.

Herr Proman: „Das glaube ich auch. Die Akzeptanz der neuen Prozesse muß vorhanden sein, und das ist ohne Zusammenarbeit mit den Betroffenen, schon bei der Gestaltung des Prozesses, nicht erreichbar. Wir sollten primär die Methode einbringen, den fachlichen Input die Fachleute. Das heißt natürlich nicht, daß wir unser Know-how zurückhalten."

Aller Anfang ist schwer, das gilt auch für das Re-Engineering. Wenn man aber weiß, welche Ziele der (Sub)Prozeß verfolgt, ist schon viel geholfen.

Anfang oder Ende? Auch beim Re-Engineering ist der Beginn schwierig. Wo, mit wem und vor allem: wie beginnt man. Unsere Erfahrung hat gezeigt, daß es sinnvoll ist, mit dem Ende, also dem Prozeßoutput, zu beginnen. Warum? Der Output soll sich aus den Anforderungen der Prozeßkunden ergeben. Um die Gestaltungsaufgabe zu erfüllen, müssen zunächst diese Ansprüche ermittelt werden: Produktberatung, Finanzierung, Tranportberatung etc.

Aus Umfang und Ausprägung dieses Prozeßoutputs sind die Prozeßinhalte abzuleiten, die bei der Prozeßgestaltung zu berücksichtigen sind. Die Struktur des Prozesses ist somit eine Konsequenz der formulierten Anforderungen. Ein retrogrades Entwickeln der Prozeßfähigkeiten, Schritt für Schritt, aus den Kundenanforderungen bietet den Vorteil leichterer Handhabung aufgrund der zielgeleiteten Vorhensweise.

Komplexe Prozesse lassen sich leichter erarbeiten, wenn sie in mehrere sinnvolle Subprozesse zerlegt werden.

Um diese recht umfangreiche und mehrdimensionale Gestaltungsaufgabe in ihrer Komplexität zu reduzieren, empfiehlt es sich, den Gesamtprozeß in mehrere Subprozesse zu zerlegen und dabei die gleiche Vorgehensweise und die gleichen Regeln,

Geschäftsprozeß Management

z. B. definierter Anfang und definiertes Ende, wie für den Gesamtprozeß anzuwenden. In dem Projekt bei Haase & Co. würden sich die Angebotserstellung, die Auftragserfassung, die Auftragsrealisierung bzw. Beschaffungs inkl. Versand und die restlichen Funktionen des Vertriebs als Subprozeß eignen.
Generell sollte eine derartige systematische Vorgehensweise gewählt werden, die die Transparenz der Gestaltungsmethodik, aber auch des Prozeßaufbaus gewährleistet und damit für eine Reproduzierbarkeit der Ergebnisse sorgt.
Für die eigentliche Durchführung des Re-Engineering lassen sich drei Prinzipien formulieren:

- *Betroffene frühzeitig mit einbeziehen!*
- *Zu spezifischen Fragestellungen immer Experten hinzuziehen!*
- *Eine kreative Workshop-Atmosphäre schaffen!*

Wie bereits öfters beschrieben, stoßen Re-Engineering-Projekte nicht bei allen Mitarbeitern auf Gegenliebe. Deren Reaktion ist unter Umständen nicht nur Gleichgültigkeit, sondern auch mehr oder weniger offene Ablehnung und Gegenwehr. Mit diesen Störmanövern muß jeder Projektmitarbeiter während der Projektlaufzeit umgehen können. Es läßt sich auf verschiedene Art und Weise taktieren, aber ein Weg ohne Einbezug der Betroffenen ist nur in den seltensten Fällen erfolgreich. Um dies zu erreichen, steht den Projektmitgliedern allerdings das ganze Spektrum zwischenmenschlichen Kontaktverhaltens zur Verfügung, über Reden und Diskutieren bis hin zur kontrollierten Konfrontation. Ohne zumindest ein stilles Einverständnis der Betroffenen zu haben, werden sich erarbeitete Konzepte nicht implementieren lassen.
Die Konzeption muß schlüssig sein und alle relevanten Ausprägungen berücksichtigen. Oft ist hierzu Detailarbeit notwendig. Das Hinzuziehen von

Es muß im Lauf der Projektarbeit mit einer Vielzahl von Störmanövern gerechnet werden. Zwischenmenschliches Kontaktverhalten ist deshalb wichtig.

Das „Ausblenden" kniffliger Probleme ist eher kontraproduktiv.

internen oder externen Experten ist oft unerläßlich, um das Wissen auf „Handgriff-Ebene" zu erhalten, damit dann verläßliche Lösungen zu erarbeiten und im Anschluß eine breite Akzeptanz zu erfahren. Ein Ausblenden kniffliger Fragestellungen ist eher kontraproduktiv.

Es gibt eine Reihe von Methoden für kreative Workshops. Für Re-Engineering eignen sich mehr oder weniger formalisierte Brainstorming-Ansätze nach unserer Erfahrung am besten. Welche letztlich zur Anwendung kommen, ist situativ zu entscheiden, aber legen Sie Ihr Hauptaugenmerk auf die Methode und die Moderation der Re-Engineering Sessions.

Erfolgsvoraussetzungen:

Daß es bei Teamarbeit Regeln geben muß, weiß jeder. Aber die Einhaltung erwartet jeder nur von den anderen.

Der Erfolg der Workshops ist abhängig von der Einhaltung einiger Regeln:

- **Keine Kritik.** *Lassen Sie keine Kritik oder Beurteilung von Gedanken während der Brainstorming-Phase zu. Kreativität wird sonst im Keim erstickt.*

- **Quantität vor Qualität.** *Zunächst kommt es auf die Entwicklung möglichst vieler Ideen an. Eine Bewertung erfolgt in einem weiteren Durchgang.*

- **Unbegrenzte Spontaneität.** *Viele Ideen, die zunächst als „Spinnereien" angesehen werden, führen auf den zweiten Blick zu einem wirklichen Quantensprung.*

- **Es gibt kein Urheberrecht.** *Jeder Teilnehmer kann die Gedanken anderer weiterentwickeln, Profilierung, zumindest anhand initiierter Ideen, stört den Workshop-Ablauf.*

- **Vorgesetzte und Untergebene bleiben draußen.** *Das Bewußtmachen von Abhängigkeitsverhält-*

nissen hemmt die Kreativität. Alle Teilnehmer des Projektteams müssen ihre Rolle als „Berater" sehen und nicht als Mitarbeiter ihrer Abteilung.

- **Eine Halbzeit genügt.** *Nach ca. 35–45 Minuten läßt die Aufmerksamkeit nach. Die kreative Phase sollte dann beendet und die Erstellung von Auswertung und Arbeitsunterlagen begonnen werden.*

Nach einem erfolgreichen Workshop steht eine Vielzahl von Ideen zur Verfügung. Die nächste Aufgabe besteht darin, diese auszuwerten. Dabei helfen einige Kriterien:

Erst nach einem Workshop werden die dokumentierten Ideen ausgewertet.

- *Vereinbarkeit mit Gegebenheiten und Anforderungen*
- *Realisierbarkeit*
- *Zeithorizont – sofort, bald, langfrsitig*
- *Machbarkeit – ist zunächst eine Untersuchung notwendig?*

Die verbleibenden Ideen werden in den nächsten Workshops detailliert ausgearbeitet.

Methodische Hilfsmittel:
Aus der Vielzahl möglicher unterstützender Techniken erscheinen uns folgende besonders empfehlenswert:
Die Visualisierung der Ideen hat sich in unseren Workshops als beste Form der Protokollierung erwiesen. Jeder Workshop-Teilnehmer hat einen ständigen Bezug zu den bereits generierten Ideen. Die Logik des Prozeßablaufs wird durch den Zwang zur Dokumentation sofort hinterfragt. Schwächen in der Beurteilungsfähigkeit durch die Teilnehmer werden deutlich.
Als Hilfsmittel bieten sich Flip-Chart oder Meta-Plan-Wände an, wobei letztere den Vorteil haben, daß Änderungen schnell durchführbar sind.

Die Visualisierung der Ideen auf Flipcharts oder Pinwänden ist die beste Form der Protokollierung.

Kreative „Sackgassen" können durch „Analogiebildung" als Methode überwunden werden.

Um kreative „Sackgassen" zu überwinden, kann die „Analogiebildung" als Methode eingesetzt werden. Dabei überträgt die Gruppe eine Fragestellung zum Zweck der Verfremdung in andere Branchen, z. B. die Auftragsabwicklung eines Versandhandelsunternehmens, die für innovative oder mustergültige Lösungsansätze bekannt sind. Allerdings ist es in der Regel notwendig, daß zumindest einige Mitglieder Kenntnisse über die Branche und den betrachteten Prozeß haben. Es bietet sich somit an, einige Analogien vorzubereiten.

Die Analogie wird zunächst von der Gruppe beschrieben und hinsichtlich Wettbewerbssituation, Produkteigenschaften, Kundengruppen und Prozeßeigenschaften analysiert. Die gefundenen Prozeßstrukturen werden mit dem von der Gruppe definiertem Problem in Verbindung gebracht. Aus diesen Verbindungen ergeben sich Lösungsansätze.

6.2 Der neue Prozeß wird erarbeitet

Die Erarbeitung der neuen Prozesse ist mühsam und nur durch die Zusammenarbeit von Fach- und Organisationsexperten wirklich erfolgreich.

Herr Sowa: „Beginnen wir mit dem Subprozeß ‚Angebotserstellung'. Was ist bei einem Angebot von besonderer Wichtigkeit?

- *Das Angebot muß dem Kunden schnell, vollständig und verbindlich mitgeteilt werden.*
- *Das Angebot soll den Kunden in jeder Beziehung zufriedenstellen.*
- *Das Angebot muß dem Kunden unsere Kompetenz für seine Wünsche signalisieren.*
- *Das Angebot soll möglichst zu einem Auftrag führen.*"

Kundenzufriedenheit erreicht man garantiert, wenn das Produkt sofort lieferbar ist, den Preis der Kunde selbst bestimmen kann und die Qualität hochwertig ist.

Herr Sales: „Das qualitativ hochwertige Produkt muß morgen frei Haus lieferbar sein, die Zahlungsbedingungen sollten möglichst so sein, daß es dem Kunden überlassen ist, wie und wann er zahlt und der Preis muß konkurrenzlos billig sein. Damit sind die Kunden garantiert zufrieden und jede Menge Aufträge vorprogrammiert."

Herr Winter (Finanzen): „Das ist zwar reichlich übertrieben, aber warum sollten wir nicht diese Kundenzufriedenheit anstreben, wenn ich auch bei den skizzierten Zahlungsbedingungen Probleme sehe."

Herr Schranz: „Sollen wir nicht erst einmal klären, ob das Angebot überhaupt einen Kundenwunsch darstellt und wenn ja, welche Form es haben soll. Muß es ein Dokument sein oder reicht auch eine verbindliche mündliche Zusage? Wenn das geklärt ist, muß der Inhalt erarbeitet werden. Welche Informationen benötigt der Kunde wirklich und können wir sie auch anbieten? Im Zweifelsfall müssen Sie Ihre Kunden fragen."

Herr Sales: „Sofern der Kunde kein Angebot wünscht oder sofort einen Auftrag erteilt, kann darauf verzichtet werden. Verlangt er ein Angebot, dann ist es auch zu erstellen. Für uns als Lieferant macht dies jedoch keinen großen Unterschied, weil auch bei einem Auftrag die wesentlichen Funktionen einer Angebotserstellung ablaufen, wie

- *Bonitätsprüfung,*
- *Verifizierung des Auftrags,*
- *Bestandsprüfung,*
- *Lieferterminprüfung,*
- *Festlegung der Liefer- und Zahlungsbedingungen,*
- *Versand- und Verpackungsart,*

wobei es Unterschiede gibt, ob es sich um einen Alt- oder Neukunden handelt."

Frau Purcher: „Können wir nicht einfach das Angebot entfallen lassen und dafür dem Kunden eine Auftragsbestätigung geben, die evtl. als abweichend gekennzeichnet ist?"

Frau Franke: „Die strategischen Anforderungen sagen aus, daß in Zukunft das Anlagengeschäft immer größere Bedeutung erlangt. Das spricht eindeutig für die Beibehaltung des Angebots."

> Die strategischen Anforderungen an den Prozeß müssen berücksichtigt werden.

Herr Proman: „Ein Angebot, wenn auch unter gewissen Bedingungen, ist also erforderlich. Was muß es enthalten, wer liefert diese Daten?"

Herr Sowa: „Die Produktbeschreibung, die Menge, den Preis und den Liefertermin des Produkts, das wir dem Kunden anbieten können. Dazu die Angabe unserer Liefer- und Zahlungsbedingungen sowie Angaben über Versand- und Verpackungsart. Im Einzelfall sind noch weitere Bemerkungen erforderlich, die für den Kunden wichtig sind."

Frau Purcher: „Wir sollten einfach das Formular (Output) entwerfen, den Inhalt definieren und als Output-Norm der Prozeßdokumentation beifügen."

Herr Schranz: „Sind damit alle Fakten des Angebots definiert? Was ist mit der Qualität des Angebots? Verbindlichkeit, Zeit zwischen Angebotsanfrage und -abgabe oder der Art des Angebots, also Papier oder EDI? Was ist mit der Geltungsdauer des Angebots? Wird dem Kunden ein Ansprechpartner genannt?"

> Die Einbeziehung der Kunden beim Re-Engineering ist eine wichtige Voraussetzung für Kundenzufriedenheit.

Frau Franke: „Diese Attribute sind sicher genauso wichtig wie der Inhalt. Wir dokumentieren dies im Rahmen eines Business Level Agreements (BLA) zwischen uns und dem Kunden. In aller Regel wird dieses BLA nur als Verpflichtung dem Kunden gegenüber definiert. Die meisten Daten davon sind gleichzeitig Teil des Measurementsystems für den KVP. Es ist anzustreben, im Sinne von TQM, den Kunden in den Prozeß mit einzubeziehen."

Geschäftsprozeß Management

Frau Purcher: „Wir haben den Inhalt des Angebots noch nicht festgelegt. Hier können wir ja das bestehende Formular zugrunde legen."

Herr Sowa: „Sicher, aber jede Information muß kritisch untersucht werden, ob sie der Kunde tatsächlich benötigt bzw. ob sie für uns als Lieferant unverzichtbar ist. Fragen wir den Kunden doch, was er von einem Angebot erwartet, und wenn das nicht möglich ist, versetzen wir uns in seine Lage. Sehr hilfreich kann dabei ein ‚Blick über den Zaun' (Mitbewerber) sein."

<small>Beim „Kampf um den Kunden" sind Benchmarks unerläßlich.</small>

Herr Sales: „Neu ist die Gültigkeitsdauer des Angebots. Wir müssen dem Kunden eine vertretbare Frist nennen, innerhalb der wir zu unserem Angebot stehen. Diese Angabe sollte im Ermessen des Vertriebs stehen. Welche Mengen wir zu welchen Terminen liefern können, muß aus den Datenbanken der Logistik ermittelt werden. Die vorgegebenen Liefer- und Zahlungsbedingungen sowie die Art des Versands und der Verpackung sind Standards des Finanz- bzw. Versandbereichs."

Herr Sommer (Vertrieb): „Erst nachdem klar ist, welchen Umfang das Angebot haben wird, kann der Preis festgelegt werden. Die stets aktuellen Preise müssen jederzeit im Zugriff des Vertriebs sein, ebenso die Konditionen wie Boni, Skonti, Rabatte u. ä. Da die Basiswerte der Verkaufspreise aus anderen Prozessen stammen, sind mit den Lieferanten BLA zu vereinbaren."

Herr Schranz: „Wir haben noch kein BLA erarbeitet. Bleiben wir bei den Basiswerten, die aus dem Controlling kommen. Welche Vereinbarungen sind mit diesen Leuten zu treffen?"

<small>Crossfunktionale Schnittstellen erfordern Vereinbarungen, keine Definitionen.</small>

Herr Sommer: „Wir müssen vereinbaren, daß fehlende Basispreise nur in Ausnahmefällen vorkom-

Der Prozeß muß auch die Erfordernisse von ISO 9000ff erfüllen.

men dürfen. Ferner muß für die Richtigkeit und Aktualität die Zustimmung des Controllings erreicht werden. Wenn die Zusagen nicht eingehalten werden können, muß eine Prozedur festgelegt sein, wie in kürzester Zeit diese Lücke geschlossen wird und für die Zukunft ausgeschlossen werden kann. Das sind auch Forderungen, wie sie DIN ISO 9000ff stellt."

Die Beschleunigung von Prozessen durch ein Minimum an Sonderregelungen reduziert auch Kosten und erhöht die Qualität des Prozesses.

Herr Sowa: „Für die Art der Verpackung und des Versands muß es Standards geben, die mit den zuständigen Experten abgestimmt sind. Der Vertrieb legt je Kunde und Empfangsland die erforderliche Verpackungs- und Versandart fest."

Frau Franke: „Warum ist man dabei nicht variabel und entscheidet je nach Angebot? Im Zweifelsfall kann man im Versand rückfragen."

Frau Paiske: „Weil das wieder Zeit und Geld kostet. Abweichungen vom Standard sollten die Ausnahme sein."

Herr Purcher: „Das gilt aber auch für Liefer- und Zahlungsbedingungen."

Herr Winter: „Da muß der Finanzbereich aber Einspruch erheben. Hier geht es ums Geld, und das müssen wir verantworten. Wir können einen Standard vorgeben, aber Abweichungen davon sind von uns genehmigen zu lassen."

Frau Purcher: „Der Vertrieb muß sich möglichst an die vorgegebenen Standards halten, aber er muß auch einen ausreichenden Spielraum für kunden- bzw. auftragsspezifische Bedingungen haben."

Herr Proman: „Aber auch dieser Spielraum erfordert eine Konsultation des Finanzbereichs, wenn er überschritten werden soll."

Herr Sales: „Aus meiner Sicht kommt aber der Prüfung der Lieferfähigkeit die größte Bedeutung zu. Hier hatten wir in der Vergangenheit die allergrößten Probleme. Der neue Prozeß muß das entscheidend verbessern. Der Kunde möchte nicht lange auf die Produkte warten, weil er sie sonst bei der Konkurrenz kauft. Leider sind wir nicht die einzigen, die solche Geräte verkaufen."

> Daß die Großen manchmal die Kleinen schlucken ist bekannt. Viel häufiger schlucken aber die Schnellen die Langsamen.

Frau Paiske: „Wir müssen demnach den Prozeß so ausrichten, daß die Durchlaufzeit für die erforderlichen Funktionen kurz, die Qualität des Prüfungsergebnisses hoch und die Zahl der auszuführenden Aktivitäten klein ist."

Herr Sales: „Die Durchlaufzeit für die Prüfung der Lieferfähigkeit ist kurz, wenn die erforderlichen Informationen vollständig und schnell zur Verfügung stehen. Das gilt im übrigen grundsätzlich bei allen Aktivitäten. Also keine Rückfragen, kein Suchen, kein Selektieren oder Verdichten von Informationen. Die Qualität eines Outputs ist in erster Linie davon abhängig, wie gut die Qualität der benötigten Informationen ist, und das muß durch entsprechende BLAs erreicht werden. Die Qualität der Prozesse muß durch Measurements gesichert werden. Die Kostenfrage wird im wesentlichen durch

- *die Vermeidung nicht wertschöpfender Aktivitäten,*
- *kurze Entscheidungswege,*
- *motiviertes Personal,*
- *Minimierung von Schnittstellen*

beeinflußt."

Herr Schranz: „Zur Prüfung der Lieferfähigkeit gehören alle relevanten freien Bestände unserer Produkte. Sind nicht genügend vorhanden, muß auf die Produktions- bzw. Lieferplanungen zugegriffen

> Benötigte Informationen müssen verfügbar, ausreichend aktuell und richtig sein.

werden können. Das muß der Vertrieb jederzeit mit möglichst wenigen, aussagefähigen Informationen tun können.

Daß die zur Verfügung stehenden Informationen ausreichend aktuell, vollständig und richtig sind, ist die Voraussetzung für eine verbindliche Aussage dem Kunden gegenüber. Hier ist Informationsmanagement das Thema. Mit den Lieferanten der Informationen, also primär Logistik und Produktion, sind entsprechende BLA zu vereinbaren. Kurze Durchlaufzeiten reduzieren die Kosten. Der Einfluß von qualifizierten und motivierten Mitarbeitern bei der Beschleunigung von Vorgängen ist dabei nicht zu unterschätzen. Nicht wertschöpfende Aktivitäten, die nicht der Erstellung des Angebots dienen, sind zu vermeiden. Flache Strukturen, delegierte Verantwortung und damit kurze Entscheidungswege wirken sich auf die Kosten ebenfalls positiv aus. Nicht zuletzt sind an den Prozessen orientierte Informationssysteme ein nicht zu unterschätzender Nutzen."

> Flache Strukturen, delegierte Verantwortung und kurze Entscheidungswege wirken sich auf die Kosten positiv aus.

Herr Winter: „All die bisher besprochenen Aktivitäten sind überflüssig, wenn die Bonität des Kunden nicht genügt. Um eine Schnittstelle kommen Sie also nicht umhin, den Finanzbereich."

Herr Sowa: „Bei Neukunden ist es sicher sinnvoll, den mit Banken und ähnlichen Institutionen vertrauten Fachbereich einzuschalten. Aber in allen anderen Fällen muß der Vertrieb in der Lage sein, die Bonität des Kunden einzuschätzen und im Rahmen seiner Prozeßverantwortung auch zu entscheiden."

> Es ist die Aufgabe des Lieferanten, den Kunden zu beraten. Das setzt kompetente Mitarbeiter beim Lieferanten voraus.

Herr Sales: „Aus meiner Erfahrung weiß ich, daß die Anfragen der Kunden in vielen Fällen noch verifiziert werden müssen. Es gab Fälle, da war das verlangte Produkt für das Bestimmungsland nicht geeignet oder nicht zugelassen, oder die gewünschten

Produkte wurden nicht mehr produziert. Auch das Angebot zusätzlicher Dienstleistungen oder Produkte mußte noch mit dem Kunden besprochen werden. Leider hatten wir nicht immer ausreichende Informationen zur Verfügung, und der Kunde mußte vertröstet werden. Das muß künftig anders werden."

Frau Franke: „Nun brauchen wir nur noch die Entgegennahme des Angebots, dann haben wir den Subprozeß ‚Angebotserstellung' fertig, war eigentlich ganz einfach."

Herr Proman: „Zur Sicherheit sollten wir unser Ergebnis mit der IST-Aufnahme vergleichen, um sicherzustellen, daß wir nichts wesentliches übersehen haben und ob durch den neuen Prozeß die heutigen Schwachstellen beseitigt sind."

Herr Schranz: „Beim Vergleich fällt in erster Linie auf, daß weniger Schnittstellen existieren. Auch die Zahl der Aktivitäten ist kleiner und damit sicher die Durchlaufzeit. Ob die Qualität der Informationen und damit die Zuverlässigkeit unseres Angebots besser wird, muß abgewartet werden. Auf alle Fälle ist durch das Measurementsystem und die BLA der Prozeß transparenter und besser steuerbar."

> Die Effizienz eines Prozesses muß meßbar sein; Eindrücke reichen nicht.

> Die folgenden Abbildungen zeigen einen Teil des reengineerten Subprozesses „Angebotserstellung".

Dabei sind die wesentlichsten Unterschiede zum vorhergehenden Ablauf wie folgt:
- *Dem Vertriebssachbearbeiter stehen aktuelle Stamm-, Vertriebs- und Auftragsdaten zur Verfügung, die ihn in die Lage versetzen, mit dem Kunden sofort über die Anfrage zu entscheiden.*

136 *Geschäftsprozeß Management*

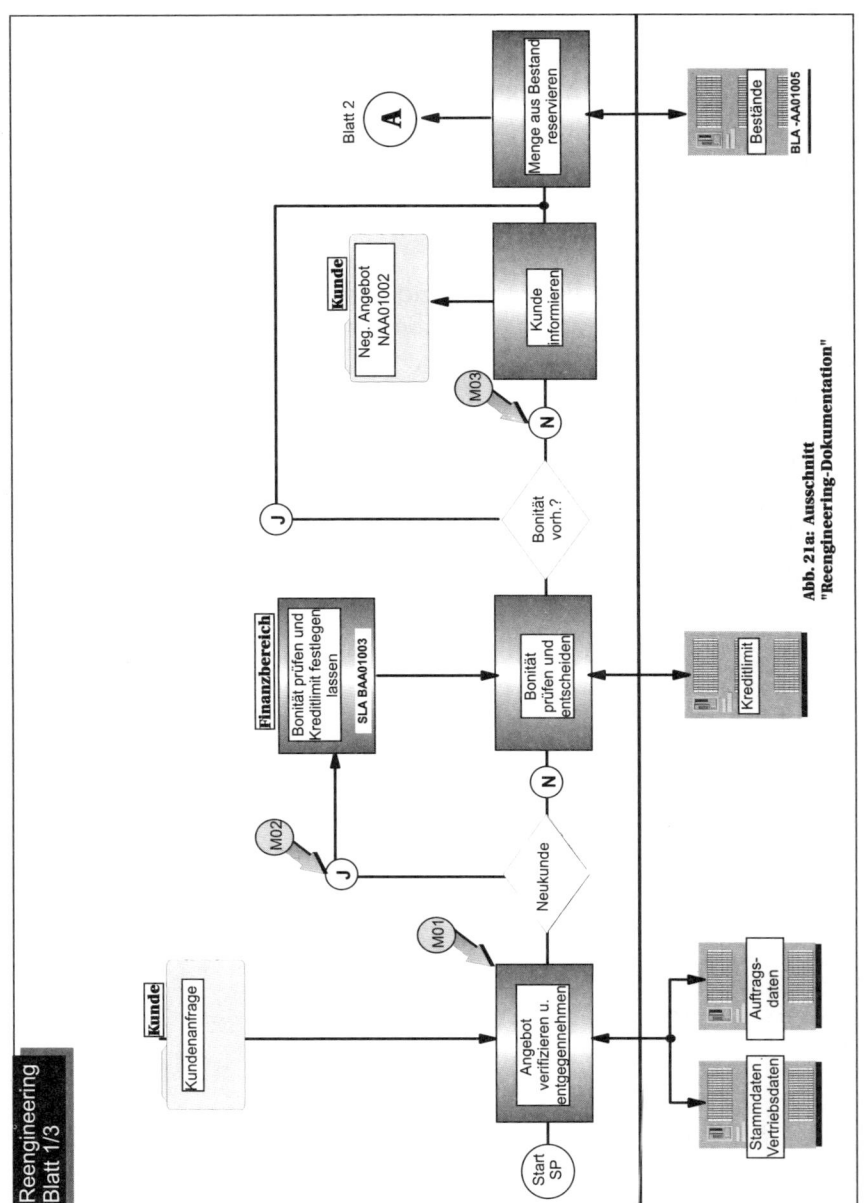

Abb. 21a: Ausschnitt Re-Engineering-Dokumentation

Geschäftsprozeß Management 137

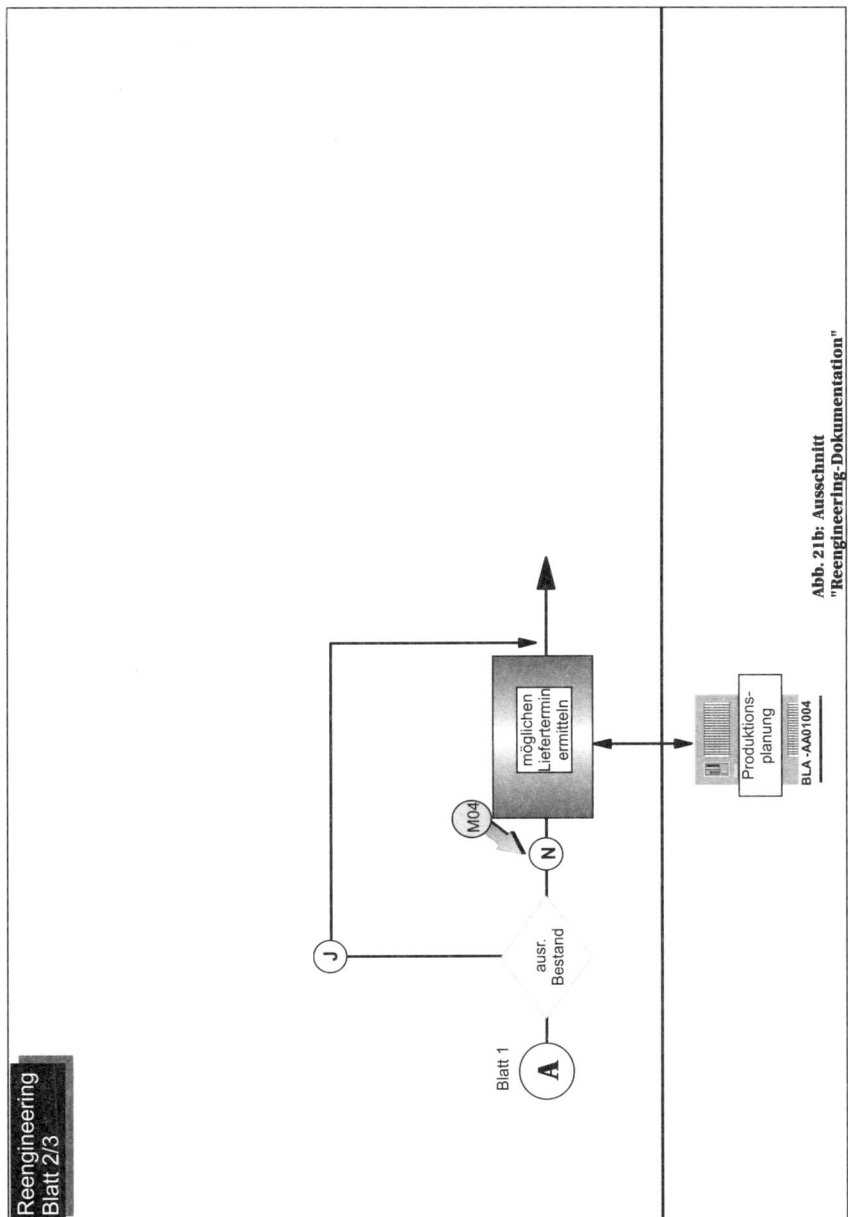

Abb. 21b: Ausschnitt Re-Engineering-Dokumentation

Der Kunde muß erkennen, daß sein Lieferant auch kompetent ist. Wird er vertröstet, weil sein Lieferant nicht auskunftsfähig ist, stärkt das nicht sein Vertrauen.

- *Der Vertriebssachbearbeiter kann aufgrund erweiterter Entscheidungskompetenzen und aktueller Informationen über die Bonität, Liefer- und Zahlungsbedingungen oder Bestände in der Regel sofort entscheiden. Nur in Ausnahmefällen sind Rückfragen erforderlich.*

- *Die Einführung von Meßwerten läßt erkennen, wie es um die Effizienz des Prozesses steht.*
  - *Wie lange ist die Durchlaufzeit des Subprozesses, bis der Kunde ein verbindliches Angebot erhält?*
  - *Wieviele Anfragen werden in Aufträge umgewandelt?*
  - *Wie häufig muß der Vertriebssachbearbeiter bei anderen Bereichen nachfragen?*
  - *Wie häufig würde das Kreditlimit überschritten, wenn der Kundenwunsch erfüllt werden sollte?*

- *Business Level Agreements vermeiden Reibungsverluste und erhöhen damit die Qualität von Informationen, verkürzen die Prozeßzeit und senken die Kosten.*

- *Unterstützende Informationssysteme erhöhen die Aktualität, vermeiden redundante Aktivitäten und beschleunigen den Prozeß.*

Tätigkeiten wie „kontrollieren", „freigeben" oder „überwachen" sind typisch für das Prädikat „nicht wertschöpfend".

- *Durch Delegation von Entscheidungskompetenzen (Entscheidungsrahmen der Sachbearbeiter wird drastisch erhöht) entfallen Tätigkeiten wie „kontrollieren", „freigeben" oder „überwachen".*

Bis zu diesem Zeitpunkt dienten alle Analysen und Diagnosen, alle Fragen und Recherchen dem „Verstehen" des Prozesses, seines Outputs und seiner Leistungsfähigkeit. Jetzt, am Startpunkt des Re-Engineering, gilt es, das gesamte Wissen in einen neuen Prozeß umzusetzen. Zielsetzung ist dabei ein

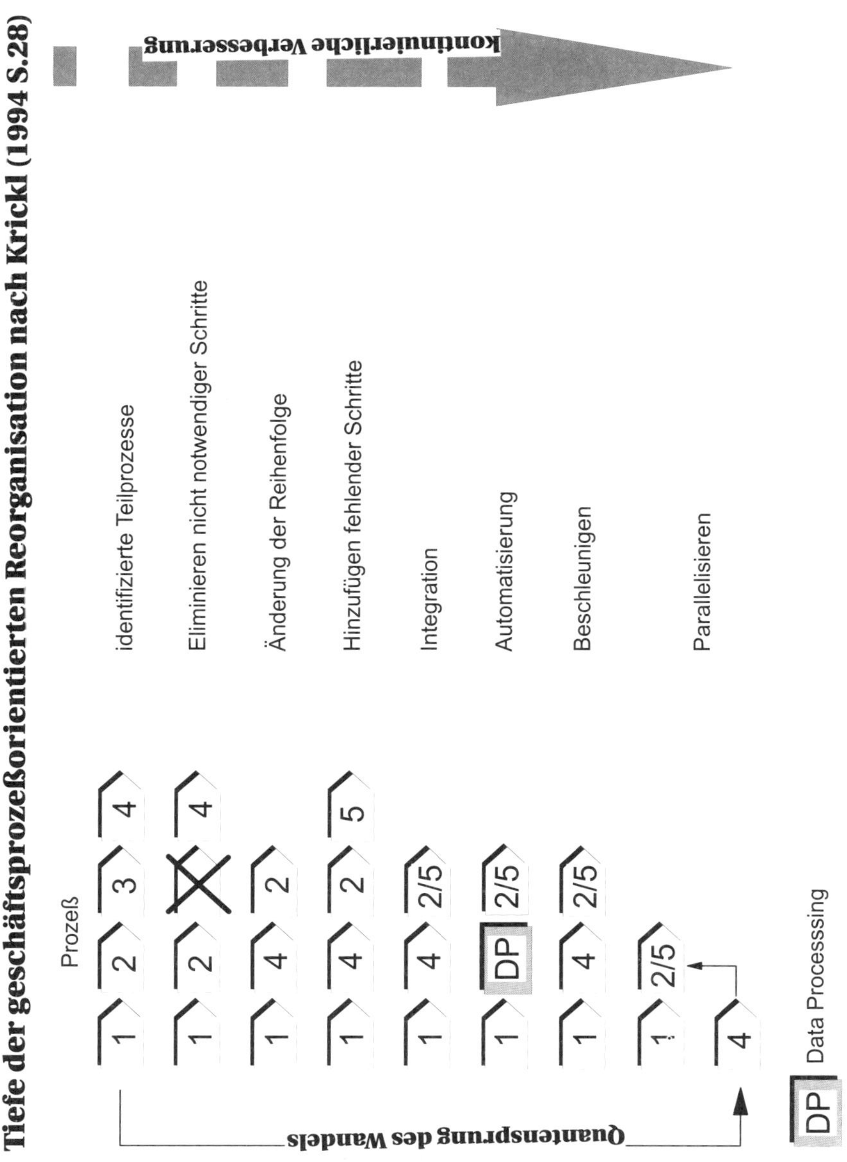

Geschäftsprozeß Management 139

Tiefe der geschäftsprozeßorientierten Reorganisation nach Krickl (1994 S.28)

Kontinuierliche Verbesserung

Prozeß

Schritte				
1	2	3	4	
1	2	✗	4	
1	4	2	5	
1	4	2	5	
1	4	2/5		
1	DP	2/5		
1	4	2/5		
1	2/5			
4				

identifizierte Teilprozesse

Eliminieren nicht notwendiger Schritte

Änderung der Reihenfolge

Hinzufügen fehlender Schritte

Integration

Automatisierung

Beschleunigen

Parallelisieren

Quantensprung des Wandels

DP Data Processing

Abb. 22: Tiefe der geschäftsprozeßorientierten Reorganisation

Quantensprung in Richtung Kompetenzgewinn und nicht die bloße Verbesserung der bisherigen Abläufe.

Um dieses vielfältige und umfangreiche Wissen zu kanalisieren und dadurch zu einem überwiegenden Teil auch zu nutzen, sind einige systematische Schritte beim Re-Engineering notwendig.

Die 7 Schritte zu kompetenten Prozessen

Schritt 1: Definition des Outputs
Ein entscheidender Faktor für die spätere Güte eines Prozesses ist die exakte Kenntnis der Anforderungen, die von den Kunden gestellt werden. Diese dienen als Grundlage für die Bestimmung der Output-Norm, einer schriftlichen Fixierung der generellen Leistungsangebote des Prozesses an seine Kunden. Für einen Auftragsabwicklungs-Prozeß kann dies beispielsweise lauten: monatliche Zusendung eines thematisch anders geordneten Katalogs, 24 Std. Bestellservice, Wahlmöglichkeit aus alternativen Komponenten pro Produkt, 48 Std. Lieferservice, 14 Tage Zahlungsziel, 36 Std. Garantieservice etc.

Expertenbefragungen, Kundeninterviews und Kreativitäts-Workshops können als Instrumente eingesetzt werden, um den Output umfassend und mit Vorteilen gegenüber Wettbewerbern zu gestalten.

Schritt 2: Strukturierung des Prozesses
Eine Zerlegung des Outputs ergibt in der Regel eine Vielzahl von Sub-Prozessen, die auf einzelne Themen bezogen sind: Katalog, Lieferservice, Garantieservice etc. Jedes dieser Themen kann als eigenes Arbeitspaket behandelt werden. Die Komplexität der Gestaltungsaufgabe läßt sich so sukzessive verringern.

Schritt 3: Festlegen der Prozeßvarianten
Prozeßabläufe haben Varianten, die sich aus unterschiedlichen Produktgruppen oder Kundengruppen

---

Zielsetzung ist dabei ein Quantensprung in Richtung Kompetenzgewinn und nicht die bloße Verbesserung der bisherigen Abläufe.

Ein entscheidender Faktor für die spätere Güte eines Prozesses ist die exakte Kenntnis der Kundenanforderungen.

Die Komplexität der Prozeßgestaltung kann durch die Unterteilung in Subprozesse verringert werden.

Geschäftsprozeß Management

ergeben können. Diese Varianten können modifizierte Abläufe nach sich ziehen.

Die Transparenz der Prozesse wird durch Prozeßvarianten erhöht.

Schritt 4: Identifizierung der Aktivitäten
Die einzelnen Aktivitäten des Prozesses müssen exakt definiert und nach ihrem Wertschöpfungsbeitrag hinterfragt werden. Inhalt und Umfang ergeben sich aus Schritt 1 sowie aus dem Wissen über rechtliche, qualitätsbezogene und erfahrungsbezogene Prozeduren, die Mitarbeiter sowie interne und externe Experten beisteuern.

Aktivitäten müssen nach ihrem Wertschöpfungsbeitrag hinterfragt werden.

Schritt 5: Diskussion des Prozeßablaufs
Der Begriff *Prozeß* impliziert eine Sequenz logisch aufeinanderfolgender Aktivitäten. Verbesserungsmaßnahmen wie *Eliminieren, Reihenfolgeänderungen, Hinzufügen fehlender Schritte, Zusammenfassung einzelner Schritte, Beschleunigen* oder *Parallelisieren* haben diese Sequentialität als Prämisse. Viele Prozesse – z. B. Produktkreation, Marktkommunikation, Akquisition – sind jedoch keineswegs sequentiell, sondern durch andere Formen der Interdependenz geprägt. Neben der logischen Struktur des Prozesses spielt die Intensität der Zusammenarbeit zwischen den Mitarbeitern eine entscheidende Rolle für die möglichen Formen des Prozeßablaufs. Wechselseitiger Informationsaustausch oder individuelle Durchführung bilden die Extreme der Kooperationsformen. Unter Berücksichtigung der vier Typen von Prozeßstrukturen läßt sich aus den identifizierten Aktivitäten ein eindeutiger Prozeßablauf finden.

Ein Prozeß impliziert eine Sequenz logisch aufeinanderfolgender Aktivitäten.

Schritt 6: Business Level Agreements
Kein Prozeß ist in sich abgeschlossen. Eine Reihe von Informationen oder Materialien müssen rechtzeitig und vollständig zugeliefert werden, damit der Prozeß reibungslos funktioniert. Umgekehrt gibt es eine große Anzahl von Lieferant/Kunde-Beziehungen zwischen dem betrachteten und anderen Pro-

Crossfunktionale Schnittstellen sind meist die Ursachen für Koordinationsprobleme.

142 *Geschäftsprozeß Management*

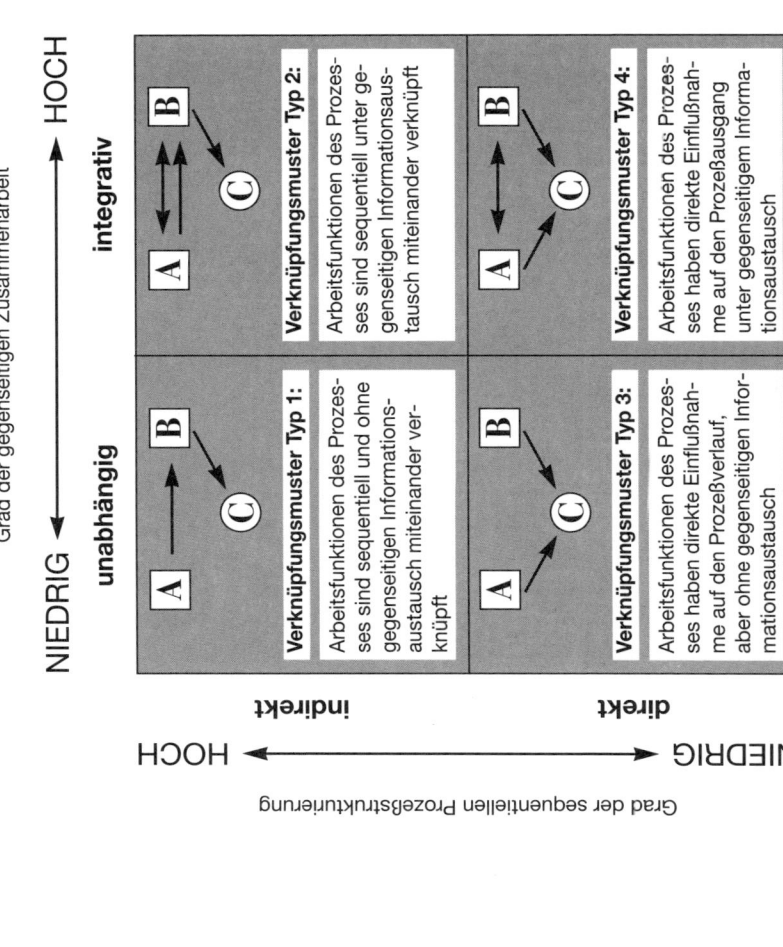

Abb. 23: Sequentielle oder netzwerkartige Prozeßstruktur nach Teng

zessen; diese intensive Verflechtung zwischen verschiedenen Unternehmensprozessen ist eine wesentliche Ursache für Koordinationsprobleme mit ihren performance-mindernden Folgen wie Doppelarbeit, Nachbesserung oder vergeblicher Aufwand. Der Leistungsaustausch an diesen Schnittstellen wird deshalb in Übereinkunft zwischen Kunde und Lieferant schriftlich in „Business Level Agreements" fixiert. Nach diesem Schritt ist der Prozeß intern und in seinen Beziehungen nach außen eindeutig beschrieben.

Schritt 7: Prozeßorganisation
Im letzten Schritt gilt es, die Koordination über den gesamten Prozeß hinweg zu gewährleisten. Um die bisherige funktionale Organisation zu überwinden, bieten sich im wesentlichen zwei Optionen an: eine Process-Owner-Organisation oder eine Prozeß-Team-Organisation nach Prozeßvarianten.

Prozesse müssen über Bereichsgrenzen hinweg koordiniert werden. Das kann durch den Prozeßowner oder durch ein Prozeßteam geschehen.

Die Process Owner Organisation kann direkt erfolgen, wenn der Process Owner auch disziplinarischer Vorgesetzter aller Prozeßbeteiligten ist, oder indirekt, falls er eine Stabs- bzw. eine Matrixfunktion innehat.
Auch Prozeßteams können einerseits die Rolle eines Integrationsmanagers übernehmen, der Funktion und Funktionsweise des Prozesses kennt und sich gemeinsam mit Funktionsmanagern abstimmt, oder aber die Verantwortung über den Ablauf einer Prozeßvariante gewinnen, innerhalb einer hierarchisch eindeutigen Organisation eines Prozesses.
Welche organisatorische Variante gewählt werden sollte, hängt stark von den herrschenden Organisations-Prinzipien und den beabsichtigten strategischen Zielsetzungen ab.

144 *Geschäftsprozeß Management*

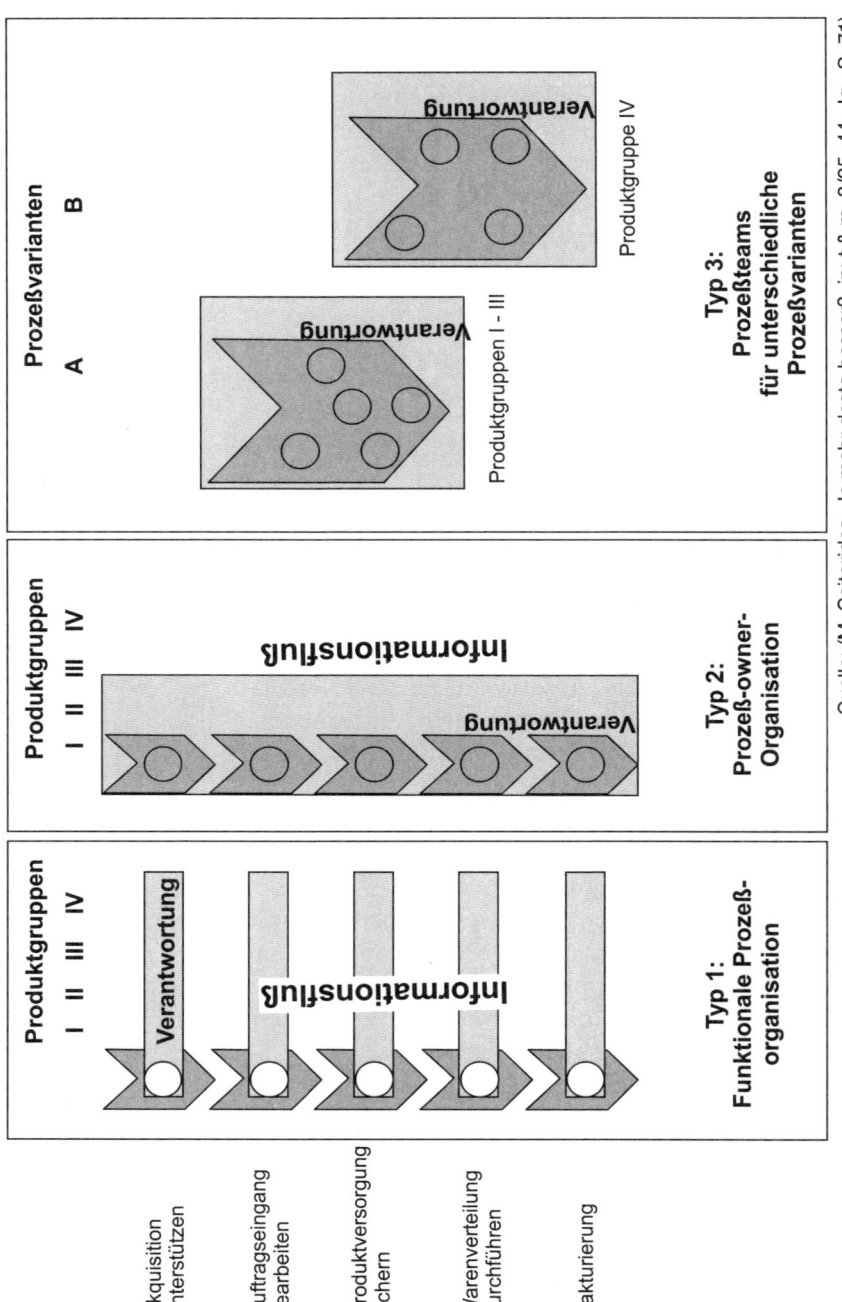

Abb. 24: Revitalisierung oder Überwindung der funktionalen Organisation

Quelle: (M. Gaitorides, Je mehr desto besser?, in: t & m, 2/95, 44. Jg., S. 71)

6.3 Kein Prozeß ohne Informationen
Die Rolle der Informationstechnologie

> So wie der Krieg zu wichtig ist, um ihn allein den Generälen zu überlassen, so erscheint Business Process Management zu wichtig, um es allein den Informatikern zu überlassen[7]

Prozesse sollten, wenn man die wichtigsten Funktionen und Abläufe betrachtet, wesentlich „länger leben" als die sie unterstützenden Informationssysteme. Das heißt, der kontinuierliche Verbesserungsprozeß wird nicht zuletzt durch neue, modifizierte oder ergänzende Informationssysteme erreicht.

Daß kein Prozeß ohne Informationen auskommt, ist trivial. Daß die Qualität, Verfügbarkeit und Wirtschaftlichkeit dieser Informationen die Qualität, Aktualität und Kosten der Prozeßergebnisse bestimmen, zeigt den hohen Stellenwert, der der Informatik, richtiger ausgedrückt: dem Informationsmanagement zukommt.

Warum also diese Zurückhaltung gegenüber der Informatik? Informatiker stellen meist Technologie vor Kundennutzen. Um neue, interessante IT einzusetzen, ist ihnen meist jede neue Methode oder Strategie recht.

Noch problematischer ist allerdings, wenn der Informatikbereich die Aufgabe übertragen bekommt, Standardsoftware einzusetzen. In der Vergangenheit war es in der Regel die Aufgabe des Informatikbereichs, die Software zu entwickeln und dabei im günstigsten Fall mit den Fachbereichen auch das organisatorische Umfeld zu schaffen. Daß dies in vielen Fällen dazu führte, den Fachbereichen ein fertiges Informationssystem zu präsentieren und darauf zu hoffen, daß sich die Organisation dann schon anpassen wird, zeigt die Erfahrung vieler Un-

Wenn wir auch dafür eintreten, daß die Aussage „IT follows Process" beim GPM gelten muß, sind wir alles andere als Gegner der Informatik. Wir wollen sie nur als Dienstleister der Prozesse verstanden wissen und nicht umgekehrt.

Der Informatik kommt ein hoher Stellenwert bei der Prozeßunterstützung zu.

Re-Engineering ist die Aufgabe der Fachbereiche, nicht die des Informatikbereichs.

---
[7] Prof. Dr J. Griese, Uni Bern, in: PD News 4/94. Zürich.

ternehmen. Wer kennt nicht die Vielzahl der Informationssysteme, die entweder nicht nutzergerecht sind oder nicht richtig genutzt werden.

Das Gespenst, das häufig von Informatikern beschworen wird, nur die Prozesse auf der Basis standardisierter Software garantierten die optimale Effizienz, ist schlicht falsch, ja sogar gefährlich. Das eigentliche Ziel von Geschäfts Prozeß Re-Engineering ist ja die Verbesserung der Wettbewerbsfähigkeit. Einen Wettbewerbsvorsprung kann man jedoch nur dann erreichen und behalten, wenn gegenüber dem Mitbewerber tatsächlich Unterschiede in den Kernprozessen bestehen. Vereinheitlicht man diese Prozesse, und damit Struktur und Abläufe, indem man Standardsoftware zur Basis der Prozesse macht, verschenkt man leichtfertig diese, zugegebenermaßen immer geringer ausfallenden individuellen Möglichkeiten.

Es gibt kein „Henne-Ei-Problem", auch wenn das häufig suggeriert wird. Standard- oder eigenerstellte Software muß die Prozesse unterstützen, nicht vorgeben. Prozesse müssen in ihrer Gesamtheit das Unternehmen abbilden, das seinen Mitbewerbern gegenüber einen erkennbaren Wettbewerbsvorteil sichert. Und das kann nicht dadurch geschehen, daß man die Prozesse eines jeden Unternehmens nach den Bedürfnissen standardisierter Programme ausrichtet. Mitgelieferte Tools zur Prozeßmodellierung dienen primär zur Konfiguration der Software. Die scheinbare Prozeßgestaltung durch Tools ist im Prinzip meist nichts anderes als das Eingeständnis, für Re-Engineering keinen Skill zu haben oder auch keine Zeit. Die Erfahrung der Softwarehersteller ist, daß viele Unternehmen ihre Prozesse nicht tatsächlich reengineeren, sondern nur verbessern, und das ist auch mit Tools möglich. Lassen Sie sich nicht von dem Argument leiten, daß die Systeme schon von so vielen Firmen erfolgreich eingesetzt wurden und deshalb auch im eigenen Unternehmen nicht falsch sein können. Wenn dann auch noch die Pro-

Geschäftsprozeß Management

zesse standardisiert werden, ist von Wettbewerbsvorteil keine Rede mehr.
Deshalb muß Re-Engineering von den Fachbereichen ausgehen und verantwortet werden. Der Informatikbereich muß rechtzeitig und umfassend in GPM-Projekte als Experte für IT eingebunden werden, wie alle anderen Experten auch.

6.4 Die Verantwortung für die Informationsversorgung haben die Fachbereiche

Herr Sowa: „Wir haben jetzt den Prozeß, aber passen die bei uns eingesetzten Informationssysteme dazu? Leider konnten wir nicht erst den Prozeß erarbeiten, um danach die Software auszuwählen, wir müssen mit dem Vorhandenen auskommen."

Frau Purcher: „Was nützt uns der beste Prozeß, wenn wir den damit erreichbaren Nutzen wieder durch mangelhafte oder nicht passende Systeme zunichte machen? Wäre es nicht doch besser gewesen, den Prozeß nach den Möglichkeiten der existierenden Programme auszurichten?"

Herr Sales: „Wir haben dieses Thema schon ausgiebig diskutiert und waren letzten Endes alle der Auffassung, daß die Prozesse die Basis für die Auswahl oder Erstellung der Software darstellen und nicht umgekehrt."

Herr Proman: „Definieren wir doch einfach den Bedarf an Informationen (Daten) des Prozesses ohne Rücksicht auf die vorhandene oder geplante Software. Diese Forderungen sollten auf lange Sicht auch erreichbar sein. Dann überprüfen wir, inwieweit die heutige Software diesen Bedarf abdeckt. Von dem, was dann nicht abgedeckt ist, muß geklärt werden, ob sich die Systeme anpassen lassen. Standardsysteme sind in der Regel sehr modular aufgebaut. Erst danach ist zu analysieren, ob die

Nur die Fachbereiche wissen, was sie für ihren Job benötigen, wer sonst? Niemand hat etwas dagegen, wenn hilfreiche Unterstützung angeboten wird. Die Fachbereiche allein sind für Ihre Informationsversorgung im Sinne von Informations Management verantwortlich!

Prozesse sind die Basis für die Auswahl der unterstützenden Software und nicht umgekehrt.

Programme ergänzt werden müssen oder im schlechtesten Fall die Prozesse verändert werden müssen."

Frau Franke: „Wir sind doch nicht in der Lage, die Programmiervorgaben zu erstellen. Dafür gibt es den Informatikbereich."

<small>Die Anforderungen der Prozesse an den Informatikbereich sind keine Programmiervorgaben.</small>

Herr Schranz: „Das ist auch nicht gefordert. Es soll ja nur ein Konzept erarbeitet werden, das für die Entwicklung bzw. für die Beschaffung der Software dienen kann. Auf der von uns gewählten Abstraktionsebene wäre eine Programmiervorgabe gar nicht machbar. Unsere Forderungen an den Informatikbereich definieren primär

- *welche Informationen verfügbar sein müssen und*
- *deren Qualität, also Aktualität, Genauigkeit, Form, Verfügbarkeit und Inhalt,*

wobei nicht auf die einzelne Feldebene verwiesen werden soll. Diese Forderungen müssen auch für künftige Informationssysteme gelten."

Herr Sowa: „Im Klartext heißt das, daß für den Subprozeß ‚Angebotserstellung' folgende Forderungen an die Informatik gestellt werden:

- *Alle benötigten Produktdaten (technisch und vertriebsbedingt) müssen verfügbar sein, um die Kundenanfrage verifizieren zu können.*
- *Je Kunde muß zur Bonitätsprüfung ein Kreditrahmen existieren, der vom Finanzbereich erstellt und vom Vertrieb verwaltet wird.*
- *Standards für Versand und Verpackung müssen existieren.*
- *Für alle angebotenen Produkte müssen Basispreise vorhanden sein, um den Verkaufspreis ermitteln zu können.*
- *Die Bestände aller Produkte müssen schnell und vollständig abgefragt werden können, um die Lie-*

Geschäftsprozeß Management

ferfähigkeit zu ermitteln. Bestände müssen eine definierte Zeitlang reservierbar sein.
- Die Produktions- bzw. Zukaufsplanungen (geplante Bestände) aller Produkte müssen abrufbar sein, um den nächstmöglichen Liefertermin angeben zu können.
- Standards für die Liefer- und Zahlungsbedingungen müssen existieren.
- Angebote müssen eine definierte Zeitlang gespeichert werden können, um im Falle eines nachfolgenden Auftrags die Daten nicht noch einmal erfassen zu müssen.

Frau Franke: „Wie ist es mit der Bedienerfreundlichkeit und ähnlichen Vorgaben?"

Herr Dr. Bitter: „Diese Dinge sind unternehmensweite Standards und müssen nicht besonders betont werden. Aber wie erfährt der Informatikbereich von diesen Forderungen an die Informationssysteme?"

Informationstechnologie, strategische Informationsplanung und Softwarestandards sind Aufgaben des Informatikbereichs.

Herr Sowa: „Die für die jeweilige Aktivität notwendigen Informationen werden, soweit es sich um einen prozeßfremden Input handelt, mit dem Formular ‚Business Level Agreement' definiert und wenn möglich, mit den dafür verantwortlichen Lieferanten (= Fachbereich) abgestimmt. Dieser schaltet dann den Informatikbereich ein, sofern die Daten von existierenden Informationssystemen geliefert werden."

Frau Purcher: „Kommen wir doch endlich zu unserem Projekt. Der Kunde fragt also an, ob wir ihm bestimmte Geräte liefern können. Häufig sind diese Anfragen nicht exakt genug oder sie verlangen Geräte, die nicht mehr lieferbar sind oder für das Bestimmungsland nicht geeignet sind. Da wir dem Kunden den bestmöglichen Service bieten wollen, müssen wir die Anfrage verifizieren. Das heißt, wir müssen Zugriff auf die neueste Produktpalette und die dafür relevanten Produktdaten haben. Der Lieferant dieser Informationen ist das Produktmanagement. Wie ich von dort höre, sind diese Daten zur Zeit nur in Papierform vorhanden. Es ist deshalb anzunehmen, daß weder die Aktualität noch die Vollständigkeit unseren Wünschen entspricht. Wir werden deshalb mit dem Produktmanagement ein entsprechendes BLA erarbeiten, das mittelfristig unsere Forderungen erfüllt."

> Benötigte Informationen nicht fordern, sondern mit dem Lieferanten vereinbaren.

Herr Sales: „Die Bonitätsprüfung für bekannte Kunden muß künftig im Vertrieb erfolgen. Das setzt den Zugriff auf den jeweiligen Kreditrahmen voraus, der dem Vertriebs-Sachbearbeiter stets aktuell und vollständig zur Verfügung stehen muß. Nur für Neukunden und in festgelegten Abständen bei Altkunden muß der Finanzbereich die Bonität überprüfen und den Kreditrahmen festlegen. Der Ablauf ist in einer Verfahrensanweisung des Finanzbereichs definiert."

Herr Winter: „Wir verwenden heute eine Handkartei, die nicht immer den neuesten Stand hat. Unsere langjährige Erfahrung hat jedoch noch nie zu irgendwelchen Pannen geführt. Diese Handkartei können Sie schon aus räumlichen Gründen nicht übernehmen."

> Die Tatsache, daß eine Handkartei existiert ist noch kein Grund sie durch ein moderneres Medium zu ersetzen. Ob Qualität, Zeit oder Kosten der Aktivität befriedigen muß das Kriterium einer Änderung sein.
>
> Verantwortung an die operative Ebene zu delegieren heißt, Zeit, Kosten und Qualität zu verbessern.

Herr Sales: „Das wäre auch nicht im Sinne eines schnellen Prozeßablaufs. Wir fordern eine Datenbank, auf die Sie und wir Zugriff haben. Sie ergänzen Neukunden, neue Kreditrahmen und eventuelle Sperrvermerke, wenn es bei den Zahlungen einmal größere Probleme geben sollte. Bei Zahlungseingang erhöhen Sie den Kreditrahmen wieder. Wir vermerken Angebote und Aufträge, indem wir den Kreditrahmen verringern."

Herr Baum: „Der Kreditrahmen muß wohl maschinell reduziert werden, wenn die Geltungsdauer des

Angebots überschritten wird. Was geschieht, wenn der Kunde als nicht kreditwürdig betrachtet wird?"

Herr Sales: „Die maschinelle Berichtigung ist selbstverständlich vorzusehen. Übersteigt der Angebotspreis den Kreditrahmen derart, daß dies nicht mehr vom Vertrieb verantwortet werden kann, bleibt nur eine Absage. Dies sollte für den Kunden in einer Art geschehen, daß er nicht auf Dauer ‚verloren' ist."

> Verantwortung übernehmen heißt auch Entscheidungen zu fällen.

Herr Proman: „Die wichtigsten Daten sind die Informationen, die uns in die Lage versetzen, dem Kunden gegenüber einen verbindlichen Liefertermin anzugeben. Gelingt uns das nicht, werden wir Kunden verärgern oder sogar verlieren, weil gleiche oder ähnliche Produkte auch von unseren Mitbewerbern angeboten werden. Das BLA zwischen dem Distributionslogistik- und dem Auftragsabwicklungsprozeß hat deshalb größte Bedeutung. Es ist nicht nur die Genauigkeit und Aktualität der Daten, sondern auch die Art und Weise, wie sie dem Vertriebssachbearbeiter zur Verfügung gestellt werden. Da hier bereits die Informationssysteme existieren, muß durch Ergänzung bzw. Änderung versucht werden, die angegebenen Forderungen weitgehend zu erfüllen. Wenn das heute noch nicht vollständig möglich ist, muß dies zumindest ein mittelfristiges Ziel sein. Die betreffenden Verfahrensanweisungen müssen unter allen Umständen hinsichtlich Zuverlässigkeit und Genauigkeit wesentlich erweitert bzw. präzisiert werden. Im Rahmen des KVP muß die Qualität dieser Daten vordringlich verbessert werden."

> Hier gilt das „WiWo-Prinzip": Waste in, waste out oder auf gut deutsch: aus falschen Zahlen können keine guten entstehen.

Herr Baum: „Da Änderungen durch den Hersteller bzw. Lieferanten nicht völlig auszuschließen sind, muß es eine Prozedur geben, die es dem Vertrieb ermöglicht, dem Kunden rechtzeitig Informationen darüber zukommen zu lassen. Im Sinne der angestrebten Kundenzufriedenheit darf das nicht erst dann geschehen, wenn der zugesagte Termin erreicht ist."

Frau Franke: „Die Festlegung der Versand- und Verpackungsart soll künftig nach festgelegten Regeln durch den Vertrieb erfolgen. Das setzt voraus, daß zwischen Versand und Vertrieb eine Reihe von Standards festgelegt werden, die alle denkbaren Vorgänge abdecken. Nur in besonderen Ausnahmen muß der Versand individuell eingreifen. Diese Informationen müssen künftig in einer Datenbank abgespeichert sein, die sowohl dem Versand, als auch dem Vertrieb zur Verfügung steht."

Herr Wolf: „Das wird nicht leicht sein, weil es aus unserer bisherigen Erfahrung fast so viele Varianten wie Aufträge gibt."

Frau Franke: „Wir müssen es versuchen, weil jede Nachfrage eine Menge Zeit und damit Geld kostet. Wir wären damit auch in der Lage, weitgehend standardisierte Preise für Versand und Verpackung anbieten zu können, ohne vorher erst aufwendige Kalkulationen durchführen zu müssen. Abweichungen müssen künftig spürbar teurer werden, um den Aufwand dafür abzudecken."

> Aktivitäten müssen wertschöpfend sein, das heißt, der Nutznießer muß bereit sein, dafür einen kostendeckenden Preis zu zahlen.

> Der Qualitätsbeauftragte ist bei Schnittstellenvereinbarungen mit einzubeziehen, wenn es um die Qualität von Daten und Informationen geht.

Herr Sales: „Der Angebotspreis kann nur dann sofort festgelegt werden, wenn alle Fakten bekannt sind. Das setzt voraus, daß dem Vertrieb außer den Versand- und Verpackungskosten auch alle Fabrikabgabepreise zur Verfügung stehen. Hier muß in der Produktion bzw. im Zukauf noch einiges geschehen. Jede Nachfrage verzögert die Zeit zwischen Anfrage und Angebot und birgt die Gefahr von Fehlern in sich. Das BLA zwischen Produktion bzw. Zukauf und Vertrieb muß deshalb fordern, daß alle Basispreise aktuell und richtig zur Verfügung stehen. Die Sicherstellung dieser Forderung muß im Rahmen von DIN ISO 9000ff festgeschrieben werden."

Frau Purcher: „Da jeder Kunde auch individuell betreut werden soll, wird es in vielen Fällen zusätzliche Sondervereinbarungen geben, die ebenfalls Bestandteil des Angebots sind. Sie entsprechen nicht maschinellen Standards, sondern sind individuelle Ergänzungen des Angebots."

Herr Proman: „Bis auf das Angebot selbst haben wir damit alle erforderlichen BLA definiert, die mit dem künftigen Process Owner und dem Informatikbereich diskutiert und realisiert werden müssen. Daß dabei auch stets der Qualitätsbeauftragte einbezogen wird, ist selbstverständlich. Das BLA für das Angebot muß das Ergebnis umfangreicher Gespräche mit Kunden sowie das Resultat von Benchmarkingaktivitäten sein."

Frau Franke: „Außer der Analyse der vorhandenen Informationssysteme haben wir noch keinerlei Software definiert. Wer macht das eigentlich?"

Herr Sowa: „Wir haben in jedem Fachbereich einen sogenannten DV-Koordinator, und das wird vermutlich der künftige Process Owner sein. Diese Person ist für die Informationsversorgung seines Verantwortungsbereichs zuständig."

Für die Informationsversorgung ist der Fachbereich zuständig.

Soweit die Rolle der Informatik bei GPM. Wie wird aber der Informationsbedarf erarbeitet und definiert? Nach unserer Definition werden Prozesse als eine Reihe miteinander vernetzter Aktivitäten verstanden. Diese Aktivitäten erzeugen in der Regel einen Output, der in der nächsten Aktivität oder in einem anderen Prozeß weiterverarbeitet wird. Für diesen Output werden Informationen benötigt, die entweder aus Aktivitäten des eigenen Prozesses stammen oder von fremden Prozessen.

Ist der eigene Prozeß der Empfänger, das heißt Kunde dieses Outputs, reicht diese Dokumentation in aller Regel aus. Ist eine prozeßfremde Aktivität

Daß Unternehmen nicht mehr ohne Unterstützung der Informationsverarbeitung auskommen, ist sicher unstrittig. Doch diese Dienstleistung ist sehr teuer und muß dem Unternehmen wie ein Maßanzug (Informationsversorgung) passen. Wer könnte besser beurteilen, ob er sich in dem Anzug wohlfühlt (optimale Unterstützung) oder nicht, als der Träger (Prozesse) selbst.

Bei den Anforderungen der Prozesse an die Datenverarbeitung geht es nicht darum jedes Feld vorzugeben.

der Empfänger, müssen Inhalt und Qualität im Rahmen von BLA (Business Level Agreements) vereinbart werden, das heißt, die Schnittstellen werden harmonisiert. Beide Seiten verpflichten sich, Inhalt und Qualität einzuhalten.

Die dafür notwendigen Inputs, also Informationen, Produkte und Dienstleistungen müssen ebenfalls im Rahmen von BLA vereinbart werden. Sie stellen de facto das Pflichtenheft für den Lieferanten dar. Bei DV-Projekten, für die in vielen Unternehmen ein Phasenmodell die Basis der Realisierung ist, entspricht es dem Fachentwurf. In- und Outputs werden zum Zwecke der Dokumentation mit einer Identnummer versehen, die eine Referenz zu allen Dokumentationen einschließlich eines Data Dictionary bzw. Repository sicherstellt. Das Formularmuster zeigt ein BLA für die effektiven und geplanten Bestände, wie es zwischen dem Distributionslogistikprozeß und dem Auftragsabwicklungsprozeß vereinbart wurde.

In einer übergeordneten Vereinbarung wird die Verfügbarkeit der Daten (Datenbank auf dem Host) geregelt. Die Sicherstellung der Qualität der Daten ist in der Verfahrensanweisung VA-DL4711 im Rahmen von DIN ISO 9000ff dokumentiert.

Die Forderungen des Auftragsabwicklungsprozesses beschränken sich auf die wesentlichen Daten, wie physische und geplante Bestände je Vertriebs-Sachbearbeiter, die wiederum in reservierte und freie Bestände unterteilt sein sollen. Alle weiteren Details sind Bestandteil eines Pflichtenhefts für die Eigenerstellung bzw. den Kauf von Software. Dieser Aggregationsgrad ist für die Beschreibung der benötigten Informationen völlig ausreichend.

In diesem Beispiel werden noch zusätzliche Angaben zur Verwaltung der Daten gegeben und wichtige Hinweise zur Zugriffsberechtigung. Das Fachdatenmodell definiert die Schnittstelle zu einem Data Dictionary bzw. Repository.

Mit der Unterschrift gilt das BLA als verbindlich.

Geschäftsprozeß Management 155

Business Level Agreement
Distributionslogistik

Information/Produkt/Dienstleistung	Kunde/Prozeß	BLA
effektive und geplante Bestände siehe Anlage	Vertrieb/ Auftragsabwicklung	BDL01036

Die effektiven und geplanten Bestände von Fertigerzeugnissen werden während eines vereinbarten Zeitraums (siehe Mitteilung vom 17.3.93) realtime zur Verfügung gestellt. Die Richtigkeit und Aktualität der Bestände wird gem. VA-DL 4711 sichergestellt.

Item	Definition
freier Bestand je Vertr.-SB	für den entspr. Vertr.-SB verfügbarer phys. Bestand
reserv. Bestand je Vertriebs-SB	vom entspr. Vertr.-SB reservierter phys. Bestand
gepl., res. Bestand je Termin u. Vertr.-SB fix	für den entspr. Vetr.-SB geplante und reservierte Produktionsmengen innerhalb des fixen Horizonts
gepl., freier Bestand je Termin u. Vertr.-SB fix	für den entspr. Vetr.-SB geplante, nicht zugeteilte Produktionsmengen innerhalb des fixen Horizonts
gepl., res.Bestand je Termin u. Vertr.-SB var.	für den entspr. Vertr.-SB geplante und reservierte Produktionsmengen innerhalb des variablen Horizonts
gepl.,freier Bestand je Termin u. Vertr.-SB var.	für den entspr. Vertr.-SB geplante, nicht zugeteilte Produktionsmengen innerhalb des variablen Horizonts
gepl. Bestand/Termin nicht zugeteilt, var. Hor.	geplante Produktionsmengen innerhalb des variablen Horizonts ohne Zuteilung auf bestimmte Vertr.-SB

Reservierte Bestände werden maschinell zu freien Beständen, wenn der Geltungsbereich um einen Tag überschritten ist.
Die Reservierung bzw. die vorzeitige Freigabe reservierter Bestände sind nur vom verantw. Vertr.-SB möglich.
Die Änderung der restlichen Bestandsdaten sind nur durch den Bereich DL möglich.
Korrekturen der effektiven und geplanten Bestandsdaten werden vom Bereich DL dem Vertrieb via Mailing unmittelbar mitgeteilt.

Fachdatenmodell

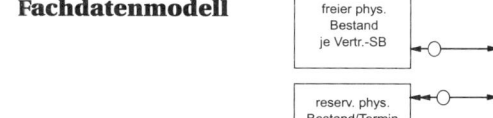

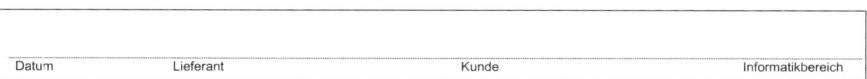

Abb. 25: Business Level Agreement (Beispiel)

Geschäftsprozeß Management

ISO 9000ff muß in die Anforderungen an die Informationsversorgung eingebunden werden.

Mit der Einbindung in die VA von DIN ISO 9000ff wird die Qualität der Daten sichergestellt.

Die Abbildung 26 (als Anlage zum BLA) soll verdeutlichen, wie die einzelnen Informationen zusammenhängen. Hier wird am Beispiel von Produkt A, das von mehreren Vertriebs-Sachbearbeitern (1–4) angeboten werden kann, gezeigt, daß die Daten des abfragenden Vertriebssachbearbeiters (VSB1) sehr detailliert sind. Das heißt, freie, gesperrte und reservierte Bestände werden getrennt nach Lagerorten angezeigt. Außerdem ist zu erkennen, welche Ware des Herstellers gerade unterwegs ist. Bei den reservierten Beständen ist die Angebots-/Auftrags-Nr. angegeben. Das Kennzeichen gibt den jeweiligen Status an. Geplante Bestände, also Geräte, die in Auftrag gegeben sind, werden ebenso detailliert angegeben, wobei zusätzlich der vereinbarte Lagerzugangstermin angegeben ist. Der fixe Zeitraum entspricht der sog. „frozen zone", in der keine Änderungen mehr zulässig sind. Der variable Zeitraum läßt gewisse Änderungen durch den Vertrieb noch zu. Auch bei den geplanten Beständen können Reservierungen vorkommen. Die Informationen für die gleichen Geräte anderer VSBs werden nicht so detailliert angegeben, da eine Verfügung über diese Geräte nur nach Rücksprache mit diesen VSBs möglich ist.

Informationsmanagement, also die Summe aller Maßnahmen, die zur Beherrschung des Produktionsfaktors „Information" führen, ist eine unternehmensweite Aufgabe.

Bei der Festlegung des Informationsbedarfs sind die Regeln des Informationsmanagements zu beachten. Das heißt im wesentlichen, daß

- *die Qualität des Inputs, also Inhalt, Form und Aktualität möglichst nicht mehr verifiziert, geprüft, ergänzt oder modifiziert werden muß,*
- *mit dem prozeßfremden Lieferanten eine Vereinbarung über die von ihm zu erbringende Leistung existiert,*
- *die empfangene Leistung nicht wirtschaftlicher vom Lieferanten erbracht werden kann,*

*Geschäftsproze*ß *Management*

Redesign Auftragsabwicklung
Informationsbedarf

Haase & Co

Informationsbedarf Auftragsabwicklung Produkt A

VSB1	Bestand	frei	UBW	gesp. reserv.	Id.-Nr.	Kz.	gesamt
Lager1		100	10	100	123455	A	310
				100	123456	V	
Lager2		20	0				20
Lager3		0	0				0
gesamt		130	10	200			330

fixer Zeitraum				var. Zeitraum			
KW/JJ	Menge	Id.-Nr.	Kz.	KW/JJ	Menge	Id.-Nr.	Kz.
17/95	300	23456	A	25/95	400		
18/95	500	33456	A	28/95	400		
20/95	300	43456	P	32/95	900		
21/95	300	63456	P	36/95	1000	93456	P
23/95	100						
gesamt	1500			gesamt	2700		4200

Kz: F=Anfrage, P = Angebot, A=Auftrag, C=Auftragsbestätigung, R=Versandfreigabe, V=Versand ist erfolgt

VSB2	Lager1	Lager3	1.Term.	gesamt
verfügb. Bestand	300	0		300
verfügb. Zuteilung	300	400	28/95	700
gesamt	600	400		1000

VSB3	Lager2		1.Term.	gesamt
verfügb. Bestand	0	0		0
verfügb. Zuteilung	400	0	29/95	400
gesamt	400	0		400

VSB4	Lager4		1.Term.	gesamt
verfügb. Bestand	20	0		20
verfügb. Zuteilung	0	0		
gesamt	20	0		20

VSB1...4 = Vertr.-SB1...4
UBW = unterwegs befindliche Ware (Lief./Hersteller)

Abb. 26: Beispiel „Informationsbedarf"

158 — Geschäftsprozeß Management

> • mit allen prozeßfremden Kunden eine Vereinbarung über die erbrachte Leistung existiert,
> • der Output im Sinne der Prozeßziele oder aus sonstigen wichtigen Gründen erfolgt und
> • die erbrachte Leistung nicht wirtschaftlicher von den Kunden erbracht werden kann.

Der Bedarf an Informationsversorgung muß sich ausschließlich an seinem Beitrag zum Prozeßergebnis orientieren.

Im Sinne des Informationsmanagements gilt, daß sich der Bedarf an Informationen ausschließlich an seinem Beitrag zum Prozeßergebnis orientieren muß. „Nice to have" darf bei der Definition des Informationsbedarfs keine Rolle spielen.

Die Bedeutung eines Meßzahlensystems für reengineerte Prozesse wird verdeutlicht. Der Zusammenhang mit ISO 9000ff und der Aufbau derartiger Meßzahlensysteme werden erläutert.

6.5 Ohne Messung keine Steuerung
Das Measurementsystem

Herr Sowa: „Das ‚M' im GPM soll ausdrücken, daß durch GPM Prozesse einem kontinuierlichen Verbesserungsprozeß unterworfen werden können. Bis jetzt haben wir meines Wissens noch nichts dafür getan. Ist das nicht die Aufgabe der Informatik und damit der genutzten Informationssysteme?"

Im Vordergrund müssen maschinell erfaßbare Meßzahlen stehen.

Frau Franke: „Nicht direkt, wenn auch die Erfassung von Meßdaten ohne maschinelle Unterstützung ziemlich aufwendig sein dürfte. Für mich stellt sich nur die Frage was, wo, wie gemessen werden muß."

Herr Sales: „Das sollte eigentlich klar sein. Wir wollen die Prozesse kundenorientiert ausrichten und durch zufriedenere Kunden unseren Marktanteil erweitern, das war ja ein wichtiges Prozeßziel. Das ‚WO' beantwortet sich damit von selbst, nämlich beim Kunden, das ‚WIE' wird vermutlich eine Fragebogenaktion sein, und das ‚WAS' ist eben seine subjektive Meinung, ob er mit uns zufrieden ist oder nicht."

Geschäftsprozeß Management

Frau Purcher: „Das ist aber nicht alles, wir haben eine Vielzahl von Prozeßzielen, die wir erreichen müssen. Ich denke da an die Durchlaufzeit, die wir benötigen, um seine Anfrage durch ein Angebot zu beantworten. Wir werden deshalb nach der Verifizierung der Anfrage das Tagesdatum festhalten und bei der Ausgabe des Angebots ebenfalls. Das ist sicher maschinell durchführbar."

Herr Baum: „Warum erst nach der Verifizierung?"

Frau Purcher: „Weil nur Anfragen erfaßt werden sollen, die wir auch erfüllen können."

Frau Franke: „Wir gehen davon aus, daß im Regelfall der Vertriebssachbearbeiter die Bonität des Kunden ohne Rückfragen feststellen kann. Nur bei Neukunden und in Ausnahmefällen ist eine Rückfrage im Finanzbereich notwendig. Da Rückfragen und die Neufestlegung des Kreditrahmens immer Zeit kosten, ist die Häufigkeit der Prozeßunterbrechung eine wichtige Meßzahl, die auch maschinell erfaßbar ist."

Herr Proman: „Ist es nicht einfacher, nur die Zahl der negativ entschiedenen Anfragen zu erfassen?"

Herr Schranz: „Nein, weil die Ablehnung auch durch den Vertrieb erfolgen kann. Aber die Zahl der negativ entschiedenen Angebote ist auch wichtig."

Herr Sowa: „Die Belieferung unserer Kunden entsprechend ihren Terminvorstellungen muß unser Ziel sein. Das setzt voraus, daß wir stets verfügbare Bestände haben. Es muß unser Ziel sein, dies in möglichst vielen Fällen zu realisieren, was nur durch eine gute Absatzplanung erreichbar ist. Wir müssen deshalb die Zahl der Angebote erfassen, die wir abweichend vom Kundenwunsch anbieten."

Neben den relativ einfachen Zeitmessungen sollten gleichberechtigt auch Qualitätsdaten erfaßt werden.

Daten, die die Kundenzufriedenheit beeinflussen, sind besonders wichtig für das Meßzahlensystem.

Herr Proman: „Hier sind wir nicht nur auf die Qualität der Planungen, sondern auf die Zuverlässigkeit anderer Prozesse angewiesen. Der Logistikbereich für die physischen Bestände, die eigene Fertigung für ihre Produktionszusagen und die Lieferanten von Zukaufgeräten für ihre Lieferzusagen. Ist das nicht etwas blauäugig, wenn wir versuchen, hier qualitativ Einfluß zu nehmen?"

> Auch Informationen über Qualität, Kosten und Zeit externer Lieferanten und Kunden müssen Bestandteil eines Measurementsystems sein.

Herr Schranz: „Das finde ich nicht. Der Prozeß muß auch externe Lieferanten von Produkten, Informationen und Dienstleistungen einbeziehen. Das muß gelingen, denn letztendlich sind zufriedene Kunden auch für sie existenziell."

Herr Sowa: „Das Messen und Erfassen von Zeiträumen ist meist relativ einfach. Schwieriger wird es schon, die Qualität einer Dienstleistung oder Information zu messen. Als Beispiel möchte ich die Zuverlässigkeit von Produktionszusagen aufführen. Wie mißt man das?"

Frau Franke: „Hier hätte ich keine Probleme. Die Zuverlässigkeit von Lieferzusagen mißt man, indem das Soll mit dem Ist verglichen wird. Beide Daten sind in aller Regel vorhanden."

> Die Erfassung von Ausnahmefällen kann wesentlich zur Verbesserung der Prozesse beitragen.

Frau Purcher: „Von unseren standardisierten Liefer- und Zahlungsbedingungen darf nur in wirklichen Ausnahmefällen abgewichen werden. Auch hier sind die Rückfragen im Finanzbereich zeit- und kostenaufwendig. Diese Ausnahmefälle müssen überwacht werden."

Frau Franke: „Bei der Versand- und Packungsart gilt prinzipiell das gleiche wie bei den Liefer- und Zahlungsbedingungen. Also muß man auch hier die Zahl der Prozeßunterbrechungen messen."

Geschäftsprozeß Management 161

Herr Sales: „Wir müssen unter allen Umständen dafür Sorge tragen, daß in Zukunft für alle Produkte auch ein Einstandspreis vorhanden ist. Auch hier ein Meßpunkt, an dem eine maschinelle Erfassung kein Problem darstellt."

Herr Schranz: „Zuletzt muß noch die Gesamtdurchlaufzeit von der verifizierten Anfrage bis zur Abgabe des Angebots an den Kunden gemessen werden, oder besser bis zum Eingang beim Kunden?"

Die Erfassung von nicht beeinflußbaren Informationen kann zwar sehr aufschlußreich sein, hilft aber im Regelfall nicht weiter.

Herr Sommer: „Bis zur Ausgabe durch den Vertrieb, weil nur bis dahin die Zeit vom Vertrieb beeinflußt werden kann. Auch die Erfassung des Eingangsdatums beim Kunden wäre problematisch."

Geschäftsprozeß Management ist bekanntermaßen die Verbindung aus Re-Engineering und KVP (kontinuierlicher Verbesserungsprozeß). Ist das Re-Engineering eine Aufgabe der Methodiker in Zusammenarbeit mit den Fachleuten aus Praxis, Informatik und Organisation, so ist KVP die Aufgabe des Process Owners und der Linienmitarbeiter, nachdem die Prozesse reengineert sind.

Das Management von Prozessen ist ohne ein prozeßorientiertes Measurementsystem, das zu jeder Zeit die Prozeßperformance widergibt, nicht vorstellbar.

Ein kontinuierlicher Verbesserungsprozeß kann nur dann sichergestellt werden, wenn Prozeßmitarbeiter und -verantwortliche wissen, wo Problemstellen sind.

Das Überschreiten der definierten Streubreiten deutet auf Störungen im Prozeß hin. Aufgabe eines effizienten Meßsystems ist es, unter anderem zwischen Prozeßschwankungen und Störungen zu differenzieren.
Bei der Messung sind zwei wesentliche Gesichtspunkte zu unterscheiden:

Das Meßzahlen-Reportsystem muß aktiv Abweichungen signalisieren.

▶ *„conformance to customer requirements"*, das heißt: Entspricht die produzierte Leistung den Kundenanforderungen?

Definition — Phase I

- Abstimmung der externen/internen Kundenanforderungen
- Festlegung der Prozeßaufgabe
- Definition des Prozeßumfangs
- Zuordnung der Verantwortlichkeiten

Design — Phase II

- Gestaltung der externen/internen Leistungsvereinbarungen
- Bestimmung der Prozeßstruktur
- Definition/Überarbeitung der Prozeßnahtstellen
- Festlegung der Indikatoren anhand der Prozeßstruktur
- Schulung von Mitarbeitern
- Freigabe des Prozesses bzw. der Prozeßänderungen

Realisierung — Phase III

- Prozeßdurchführung
- Verifikation der Prozeßperformance (Soll/Ist-Vergleiche)

Optimierung — Phase IV

- Prozeßanalyse basierend auf Soll/Ist-Vergleichen
  ==> Zeit/Qualität/Kosten/Kundenzufriedenheit
- Durchführung eines externen/internen Benchmarkings
- Festlegung neuer Zielvorgaben
- Gesamteinschätzung des Prozesses

(Re-Engineering / Kontinuierliche Verbesserung)

Quelle: Re-Engineering als strategische Aufgabe

Abb. 27: Phasenmodell für ein permanentes Prozeßmanagement

> ▶ *„conformance to requirements"*, das heißt: Entspricht die produzierte Leistung den vorgegeben Prozeßzielen? Dabei wird nach folgenden Kriterien unterschieden:
> – Prozeßqualität, das heißt: Wird die tolerierte Fehlerquote des Prozesses überschritten?
> – Durchlaufzeit, das heißt: die Zeitspanne vom Beginn einer definierten Aktivität bis zu dem Zeitpunkt, zu dem das geforderte Prozeß-

Geschäftsprozeß Management

ergebnis für interne/externe Kunden verfügbar ist.
- Prozeßkosten, das heißt: der gesamte Ressourceneinsatz, der zur Erbringung der Prozeßleistung erforderlich ist.

Erst die **gleichzeitige** Berücksichtigung aller vier Leistungsparameter erlaubt eine ganzheitliche Bewertung der Prozeßleistung. Nicht standardisierte Prozesse oder Strukturen, sondern die Führerschaft bei diesen kritischen Erfolgsfaktoren sichern den Wettbewerbsvorteil eines Unternehmens (best of breed).

Erst die gleichzeitige Berücksichtigung aller vier Leistungsparameter erlaubt eine ganzheitliche Bewertung der Prozeßleistung.

Abb. 28: Kennzahlenkonzept (Quelle: M. Gaitanides et al., Prozeßmanagement, Hanser Verlag, 1994, S. 67)

Die Minimierung des Meßsystems setzt aber voraus, daß die einzelnen Meßwerte mit allen Prozeßverantwortlichen abgestimmt werden, um die notwendige Akzeptanz zu erreichen.

Während die direkt meßbaren Informationen dazu dienen, den aktuellen Prozeß zu verbessern, sind die letztgenannten Informationen eher dazu bestimmt, über definierte Regelkreise Strategie und Prozesse im Unternehmen zu überprüfen.

An die Meßzahlen werden je nach Hierarchieebene unterschiedliche Anforderungen gestellt. Das heißt, auf der operativen Ebene sind sie detaillierter als im Topmanagement, sie müssen also aggregierbar sein, ohne dabei ihre Aussagekraft einzubüßen.

Eine wirksame Prozeßsteuerung erfordert ein nach einheitlichen Kriterien entwickeltes Meßsystem, wobei die Anzahl der Meßzahlen so gering wie möglich sein soll. Die Minimierung des Meßsystems setzt aber voraus, daß die einzelnen Meßwerte mit allen Prozeßverantwortlichen abgestimmt werden, um die notwendige Akzeptanz zu erreichen. Das vereinbarte Meßsystem muß dann hinsichtlich Geltungsdauer und Relevanz der gewonnenen Aussagen regelmäßig validiert werden. Die festgelegten Prozeduren sind im Rahmen von DIN ISO 9000ff dokumentiert.

Der große Aufwand zur Erfassung der Meßwerte erfordert in der Regel eine weitgehend maschinelle Abwicklung. Fehler- oder lückenhafte Meßwerte führen zu einer falschen Prozeßsteuerung und damit zu falschen Prozeßergebnissen.

Es werden auch Informationen benötigt, die subjektiver Natur sind und in der Regel qualitative Informationen aus der Sicht der Kunden (Empfänger) darstellen. Während die direkt meßbaren Informationen dazu dienen, den aktuellen Prozeß zu verbessern, sind die letztgenannten Informationen eher dazu bestimmt, über definierte Regelkreise Strategie und Prozesse im Unternehmen zu überprüfen.

Selbstverständlich ist es weder sinnvoll noch möglich, jede Aktivität hinsichtlich Zeit, Qualität und Kosten zu messen. Nach unserer Erfahrung reicht es im Regelfall aus, die Zeit am Anfang und Ende eines Subprozesses zu messen und die Qualität am Ende eines jeden Subprozesses. Prozeßbeeinflussende Inputs sind im Regelfall auch zu erfassen. Die Maßeinheit von Kosten und Zeit muß nicht erläutert werden. Bei der Qualität ist das schon anders. Qualität kann Termintreue, Zufriedenheit, Ver-

bindlichkeit, Preiswürdigkeit, Lieferfähigkeit, Bedienungsfreundlickeit, Vollständigkeit, Genauigkeit usw. sein.
Es ist besser, anfangs mit wenigen dafür wichtigen, statt mit vielen aber unzuverlässigen Meßpunkten zu beginnen. Eine Orientierung können z. B. die Ziele und der erwartete Nutzen im Projektauftrag sein. Wir gehen davon aus, daß der kontinuierliche Verbesserungsprozeß Zielvereinbarungen zwischen Process Owner und den Prozeßbeteiligten voraussetzt. Um diese Zielerreichung überprüfen zu können, sind ebenfalls Meßwerte erforderlich.
Die wesentlichen Attribute einer Meßzahl sind:

- *Zu welchem Prozeß/Subprozeß gehört sie?*
- *Wie ist die Definition der Meßzahl: was bedeutet sie?*
- *Was ist das Ziel der Messung, was soll damit erreicht werden?*
- *Wie ist die Ober- und Untergrenze (Toleranz) der Meßzahl? Wie ist der aktuelle Wert, was ist das angestrebte Ziel?*
- *Woher stammen die Meßwerte, wo werden sie erfaßt?*
- *Wie werden die Meßwerte erfaßt?*
- *Wie oft werden die Meßwerte ermittelt?*
- *Wie werden die Meßwerte ausgewertet?*
- *In welcher Verfahrens- bzw. Arbeitsanweisung ISO 9000ff wird die Messung beschrieben?*

Qualitätskennzahlen können Termintreue, Zufriedenheit, Verbindlichkeit, Preiswürdigkeit, Lieferfähigkeit, Bedienungsfreundlichkeit, Vollständigkeit, Genauigkeit usw. betreffen.

Die Erfassung von Meßzahlen verursacht Kosten, die im Sinne des Endprodukts jedoch als wertschöpfend zu betrachten sind. Das gilt genauso für die Qualitätssicherung im Rahmen von DIN ISO 9000ff. Die Prozeßkostenrechnung allein ist allerdings kein Ersatz für die heute praktizierten Kostenrechnungen, sondern nur eine Ergänzung dazu. Darüber hinaus sind die Meinungen über die Prozeßkostenrechnung noch sehr uneinheitlich und unausgegoren.

Die Erfassung von Meßzahlen verursacht Kosten, die im Sinne des Endprodukts jedoch als wertschöpfend zu betrachten sind.

6.6 Nur was man schwarz auf weiß hat...
Die Prozeßdokumentation

Der Wert, der Umfang und die Art der Prozeßdokumentation wird erläutert. Es wird der Einfluß der Prozeßdokumentation auf die Akzeptanz, die Motivation und Identifikation der Prozeßbeteiligten dargestellt.

Frau Purcher: „Ist es nicht an der Zeit, unser Ergebnis des Reengineerings allen Beteiligten zu präsentieren? Es gibt zwischenzeitlich eine Unmenge von Einzel- und Teildokumenten, die kein klares Bild des zukünftigen Prozesses ergeben."

Herr Sowa: „Nun sind wir endlich soweit. Es beginnt wieder mit Papier und Papierverwaltung."

Frau Franke: „Ganz ohne Papier wird es vermutlich nicht gehen. Es darf aber nur das absolut Notwendige dokumentiert und verteilt werden."

Die neue Prozeßstruktur ist das Ergebnis aller am Prozeß Beteiligten. Sollte es da nicht selbstverständlich sein, daß auch alle die Möglichkeit erhalten, ihr Arbeitsergebnis dokumentiert zu erhalten?

Herr Sales: „Die neue Prozeßstruktur ist das Ergebnis aller am Prozeß Beteiligten. Sollte es da nicht selbstverständlich sein, daß auch alle die Möglichkeit erhalten, ihr Arbeitsergebnis dokumentiert zu erhalten? Es ist doch eines der Ziele, die Identifikation aller Mitarbeiter mit ihrer zukünftigen Aufgabe zu erreichen."

Herr Proman: „Ich bin sicher, daß nur sehr wenige Mitarbeiter den Gesamtprozeß tatsächlich verinnerlicht haben. Was kostet es, wenn wir den neuen Prozeß für alle sichtbar dokumentieren?"

GPM und ISO 9000ff ersetzen sich nicht, sie ergänzen sich. Plakativ ausgedrückt heißt das, GPM ist das ‚Skelett', und ISO 9000ff das ‚Fleisch'. Das eine ohne das andere ergibt ein unvollständiges Bild, nur beide zusammen beschreiben das Ganze.

Herr Sowa: „Das ist sicher keine Kostenfrage, aber wieviele Dokumentationen soll der einzelne Mitarbeiter eigentlich lesen? Genügt nicht die Vielzahl von Verfahrens- und Arbeitsanweisungen, die im Rahmen von DIN ISO 9000ff erstellt wurden?"

Herr Schranz: „Wir sind wieder einmal an einem sogenannten ‚Knackpunkt' angelangt. GPM und ISO 9000ff ersetzen sich nicht, sie ergänzen sich. Plakativ ausgedrückt heißt das, GPM ist das ‚Skelett', und ISO 9000ff das ‚Fleisch'. Das eine ohne

Geschäftsprozeß Management

das andere ergibt ein unvollständiges Bild, nur beide zusammen beschreiben das Ganze.

Die Dokumentation, vor allem die überwiegend graphische Darstellung der neuen Prozeßstruktur, ist von eminenter Bedeutung. Graphik und ergänzende bzw. erläuternde Texte ergeben die Gesamtdokumentation eines Prozesses. Um das Verständnis für die Prozeßperformance bei allen am Prozeß Beteiligten zu vertiefen, ist die visuelle Darstellung des Prozesses von nicht zu unterschätzendem Vorteil. Wer schon einmal versucht hat, einen zusammenhängenden Überblick über einen Prozeß anhand der DIN ISO 9000ff – Dokumentation zu erhalten, versteht unser Anliegen. Bewährt haben sich professionell aufbereitete Graphik-Charts und/oder Booklets, die in Räumen hängen oder aufliegen, die von möglichst vielen interessierten Mitarbeitern frequentiert werden. Der „Aha-Effekt", der sich bei Betrachtung eines Gesamtablaufs einstellt, ist nicht zu unterschätzen, wenn man den eigenen Beitrag einmal in einem größeren Zusammenhang sieht. Auch der Neid, der beim Betrachten eines vorher vielleicht nicht erwarteten Ergebnisses entsteht, kann motivierende Auswirkungen nicht nur im operativen Bereich haben. Keine Angst vor sogenannten „Wandtapeten". Sie erhöhen unzweifelhaft die Übersicht und haben einen sehr großen psychologischen Effekt: der Blick wird unwillkürlich auf dieses Chart gelenkt und das Interesse geweckt. Es werden Fragen gestellt, und es wird versucht, den Inhalt zu verstehen. Das wiederum erfüllt den Gefragten mit Stolz, weil er an diesem Projekt mitgewirkt hat. Mitarbeiter, die Anerkennung für ihre Leistung in dieser Form erhalten, sind motiviert und identifizieren sich mit dem Ergebnis ihrer Leistung; was kann man mehr verlangen?

Für die graphische Darstellung gibt es eine ganze Anzahl von mehr oder weniger spezifischen Tools. Die Palette reicht vom einfachen Graphiktool bis

> Um das Verständnis für die Prozeßperformance bei allen am Prozeß Beteiligten zu vertiefen, ist die visuelle Darstellung des Prozesses von nicht zu unterschätzendem Vorteil.

> Unterschätzen Sie nicht den „Aha-Effekt", der sich bei Betrachtung eines Gesamtablaufs einstellt, wenn man den eigenen Beitrag einmal in einem größeren Zusammenhang sieht.

Contens

1 Introduction .... **Page 1**
  1.1 Preface .... Page 1
  1.2 Basics Concepts .... Page 2
  1.3 Process Awareness .... Page 8
  1.4 Process Ownership .... Page 9

2 Process Documentation .... **Page 12**
  2.1 Basics .... Page 12
  2.2 Subprocess 'Offer Acceptance' .... Page 14
  2.3 Subprocess 'Order Processing' .... Page 16
  2.4 Order Fulfilment .... Page 19
  2.5 General Services .... Page 21

3 Process Norms and Business Level Agreements .... **Page 22**
  3.1 Norms .... Page 22
  3.2 Business Level Agreements .... Page 23

4 Procedures of Business Process Management .... **Page 26**
  4.1 Quality Management .... Page 26
  4.2 Leadtime Management .... Page 29
  4.3 Continuous Improvement .... Page 33

5 Document Control .... **Page 35**
6 Appendix: Milestone Checklist .... **Page 37**

1st Edition July 1994. This Booklet was created by Haase & Co

Abb. 29: Booklet mit Inhaltsverzeichnis

zum speziell auf Re-Engineering abgestimmten Werkzeug. Einfache Graphiktools haben den Vorteil der individuellen Aufbereitung, sind aber langsamer und umständlicher in der Anwendung. Reengineeringtools sind unflexibler in der Darstellung, dafür aber schneller und systematischer im Gebrauch.

Da jede Form der Dokumentation immer mit Aufwand verbunden ist, hat sich folgende Vorgehensweise bewährt: Während der Projektarbeit können die erarbeiteten Prozesse auf Pinwänden graphisch dokumentiert werden. Das hat den Vorteil, daß Änderungen relativ leicht nachvollzogen werden können. Textliche Dokumentationen können als Ergänzung je nach unternehmensspezifischen Gepflogenheiten mit Textverarbeitungstools erstellt und via Electronic Mail verteilt werden. Auch Graphiktools können so in Form handhabbarer Dokumente bearbeitet werden. Am Ende muß aber eine professionell aufbereitete Dokumentation stehen. Sie ist die Basis von DIN ISO 9000ff."

7 Prozeßorganisation

7.1 Die Aufbauorganisation als Rückgrat

Der Versuch, mit historisch gewachsenen Strukturen erfolgreiches „Geschäftsprozeß Management" zu betreiben, geht in aller Regel schief. Prozesse erfordern angepaßte Strukturen!

Frau Purcher: „Die Prozesse sind modelliert, und wenn man es genau betrachtet, hat sich dadurch an den Aufgaben der existierenden Fachbereiche nichts geändert."

Frau Franke: „Wie die Strukturen aussehen, haben wir noch gar nicht definiert. Betrachten wir doch einmal die neuen Prozesse. Kann – oder besser – sollte man die neuen Aktivitäten wieder den alten Fachbereichen zuordnen?"

Es macht keinen Sinn, die neuen Prozesse den heutigen Strukturen anzupassen.

Frau Purcher: „Die Frage ist doch: Muß es diese Abteilungen und Fachbereiche in der jetzigen Form überhaupt noch geben?"

Herr Sowa: „Das verstehe ich nicht! Wir haben uns bis jetzt mit den Abläufen innerhalb unserer Vertriebsstruktur beschäftigt, wenn wir diese jetzt ändern, ist doch auch der neue Prozeß wieder hinfällig!"

Herr Sales: „Ich denke, der Prozeß selbst erfordert eine angepaßte Organisationsstruktur! Bis jetzt – und in dem Punkt haben Sie genau ins Schwarze getroffen, Herr Sowa – haben wir doch zuerst die Position geschaffen, und danach haben wir uns Gedanken über die Abläufe gemacht. Diesmal sind wir umgekehrt vorgegangen – von unten nach oben!"

Herr Sowa: „Ich sehe immer noch keinen Sinn darin, die Strukturen zu ändern. Wir besitzen mit den Sachbearbeitern und Managern, die ihre Arbeit ja seit Jahren beherrschen, ein ungeheures Knowhow, sie sind eingespielt. Wenn wir jetzt Abteilungen auflösen, dann müssen sich alle von neuem zusammenraufen!"

Frau Purcher: „Nicht nur zusammenraufen! Ich denke, daß sich das Spektrum der zu erledigenden Aufgaben für den einzelnen erheblich erweitern wird, jeder wird deshalb eine Menge dazu lernen müssen!"

Frau Franke: „Durch die Prozeßorientierung haben wir ganz neue Möglichkeiten, den Prozeß effizient zu gestalten. Diese waren vorher gar nicht sichtbar. Wir sollten diese Chance nicht verpassen!"

Herr Sowa: „Es wird schwer genug werden, das von uns vorgelegte Konzept umzusetzen. Verunsichern wir Abteilungsleiter und Sachbearbeiter noch mit neuen Organigrammen und erweiterten Aufgabenstellungen, dann verändern wir doch kaum etwas – das ist jedenfalls meine Meinung!"

Herr Proman: „Da ist sicherlich etwas Wahres dran – aber vielleicht sollten wir uns zunächst einmal Gedanken darüber machen, wie die Aufgabenverteilung und darauf aufbauend die Organisationsstruktur aussehen könnte, es ist durchaus möglich, daß wir nichts zu ändern haben! Kommen wir auf unseren Prozeß ‚Auftragsabwicklung' zurück."

Frau Franke: „Ich schlage vor, nur noch drei Hierarchieebenen zu belassen. Es gibt einen Gesamtvertriebsmanager und noch eine Ebene mit Referenten für die einzelnen Länderbereiche. Darunter ist bereits die operative Ebene angesiedelt.

Neue Strukturen heißt nicht auch neue Manager. Leider gibt es aber oft keine andere Lösung.

Die Gestaltungsaufgabe bei Geschäftsprozeß Management hat eine andere Zielsetzung. Sie ist daran zu messen, ob dem Kunden Leistungsmerkmale angeboten werden können, die Wettbewerber in dieser Form nicht erreichen, und die Zusatznutzen beim Kunden erzielen können.

LEAN Organization auf der Basis reengineerter Prozesse ist der richtige Weg zu weniger Hierarchieebenen.

Herr Proman: „Wir sollten vielleicht zunächst einen Schritt zurückgehen! Kann die Auftragsabwicklung nicht vor Ort stattfinden, direkt in einem Land innerhalb des Bereichs?"

Herr Sales: „Dies ist im wesentlichen vom Mengengerüst abhängig! Das Aufgabenspektrum könnte ein einzelner von seiner Qualifikation her durchaus abdecken."

Frau Purcher: „Aber Sie benötigen mindestens zwei Sachbearbeiter, damit Urlaubs- und Krankheitszeiten abgedeckt sind."

Eine Matrix mit den wichtigsten Argumenten für und gegen eine Entscheidung hilft Fehlentscheidungen zu vermeiden.

Herr Sales: „Ja, aber entscheidender ist die Anzahl der Aufträge. Ich muß mich korrigieren. Nicht allein die Zahl der Aufträge ist entscheidend. In die Entscheidung müssen auch noch andere Faktoren einbezogen werden. Der Verantwortliche des Fachbereichs muß dann entscheiden, ob er die Auftragserfassung ‚vor Ort' oder zentral angesiedelt haben möchte."

Herr Sowa: „Ich will dem Herrn nicht zu nahe treten, aber da werden Sie keine eindeutige Entscheidung erhalten. Ich empfehle eine Entscheidungsmatrix, wo wir die wichtigsten Argumente angeben und bitten ihn, sie zu gewichten."

Die funktionale Organisation zielte ursprünglich auf die zeit-, kosten- und qualitätsmäßige Effizienz der Arbeitsleistung des einzelnen Mitarbeiters. Die Gestaltungsaufgabe bei Geschäftsprozeß Management hat eine andere Zielsetzung. Sie ist daran zu messen, ob dem Kunden Leistungsmerkmale angeboten werden können, die Wettbewerber in dieser Form nicht erreichen, und die Zusatznutzen beim Kunden erzielen können. In diesem Zusammenhang wird die Effizienz an der integralen Prozeßleistung gemessen und nicht am Verdienst des einzel-

Prozeßorganisation

nen. Die Aufbaustruktur kann dieses Vorhaben instrumentell unterstützen.

Prozesse können selbstverständlich auch nach einer Neugestaltung wieder funktional organisiert werden (Typ 1). Dieses bietet sich insbesondere bei wenig komplexen, stark repetetiven Tätigkeiten an, die wenig Informationsaustausch mit anderen Stellen erfordern und über geringen Kundenkontakt verfügen.

Mit zunehmender Einzelfallbezogenheit der Ablaufregeln und Integration der Aufgaben gewinnen prozeßorientierte Organisationsformen an Vorteilen. Bei der Process-Owner-Organisation (Typ 2) koordiniert ein Verantwortlicher die unterschiedlichen Tätigkeiten bezüglich eines Ziels. Das ist die disziplinarisch-fachliche Hierarchie, die das ‚Wie‘ bestimmt. Daneben gibt es den Process Owner, der für das ‚Was‘ verantwortlich ist.

Prozeßteams (Typ 3) eignen sich dann, wenn ein Prozeß wesentliche Prozeßvarianten enthält.

Die Frage der Prozeßvarianten läßt sich am besten durch den Aspekt der Zentralisation/Dezentralisation darlegen. Der Begriff (De-)Zentralisation umfaßt dabei die Dimensionen Sache und Raum.

Lassen sich Objekte (z. B. Produktgruppen, Auftragsarten etc.) identifizieren, die einen veränderten Prozeßablauf rechtfertigen, so sollten diese zumindest als Prozeßvariante ausgewiesen werden. Läßt das Mengengerüst dies zu, bietet sich auch aufbauorganisatorisch eine Trennung an (Prozeßteams).

Räumliche Dezentralisation ist in stärkerem Maße auch von strategischen Überlegungen hinsichtlich einer Globalisierung des Unternehmens abhängig. Dazu ein Beispiel (Auszug) aus einem Unternehmen der Konsumelektronik:

Die Frage der Hierarchiestufen ist weniger ein Thema von Zentralisierung/Dezentralisierung, als vielmehr ein Gegenstand der anwendbaren Koordinationsinstrumente für die Arbeitsabläufe des Prozesses. Hierarchie (vertikale Organisation) ist das

---

Geschäftsprozeß Management hat das Ziel, dem Kunden Leistungen anzubieten, die der Wettbewerb in dieser Form nicht erreichen kann.

In einer horizontalen Organisation ist der Prozeßowner der Chef aller Mitarbeiter, die direkt am Prozeß arbeiten. Allein der Prozeß, und nicht die Funktion, bilden das Kriterium der Verantwortungszuteilung.

Räumliche Dezentralisation ist in stärkerem Maße auch von strategischen Überlegungen hinsichtlich einer Globalisierung des Unternehmens abhängig.

174 *Prozeßorganisation*

Variante 1:Clusterung

Cluster	Sitz der Auftragserfassung	Umsatz gepl. (Mio)	Anz. Mitarb. kfm / techn.	Kosten (TDM)
Skandinavien	Kopenhagen	5,7	2 / 1	305
Deutschland, Schweiz, Österreich	Neustadt	20,9	4 / 2	505
Benelux, Großbritannien, Irland	Amsterdam	3,5	1 / 1	200
Osteuropa	Warschau	2,0	1 / 1	200
Südamerika, Naher Osten	Neustadt	4,6	2 / 1	305
Frankreich, Spanien, Italien, Portugal	Paris	3,6	2 / 1	305
gesamt:		40,3	12 / 7	1820

Variante 2: zentrale Lösung Anzahl der techn./kfm. Mitarbeiter: 6 / 3 = 915 TDM
Variante 3: dezentrale Lösung Anzahl der techn./kfm. Mitarbeiter: 17 / 15 = 3210 TDM

Gewichtung der Einflußfaktoren mit Skala 1 - 10 - vom Fachbereich auszufüllen

Einflußfaktor	1=Clusterlösung	2=zentrale Lösung	3=dezentrale Lösung
Unternehmensstrategiekonformität	9	1	10
Kundennähe/Vertriebsnähe	8	3	10
Ressourcenauslastung	8	10	4
Kostengesichtspunkt	8	10	2
Mitarbeiter-Skill/Erfahrung	6	8	5
Einfluß (disz./fachl.) auf Auftragsabwicklung	6	8	6
Einfluß auf zentrale Supportprozesse	6	8	6
Support durch IT	8	9	4
Summe	59	57	47

Abb. 30: Beispiel für zentrale/dezentrale Organisation

Prozeßorganisation

eine Extrem des Spektrums potentieller Instrumente, Selbstorganisation (horizontale Organisation) das andere.

In einer horizontalen Organisation ist der Prozeßowner der Chef aller Mitarbeiter, die direkt am Prozeß arbeiten. Allein der Prozeß, und nicht die Funktion, bilden das Kriterium der Verantwortungszuteilung. In einer vertikalen Organisation werden Abteilungen und Aufgaben zusammengefügt und in horizontalen Abläufen („workflows") verbunden. Prozeßorganisation in dieser Form ist keine Matrix-Struktur, bei der die Integrationsaufgabe zwischen unterschiedlichen Ansprüchen auf die Mitarbeiter abgewälzt wird, sondern ist eine auf das Prozeßergebnis zielgerichtete Aufbaustruktur.

Die Problematik der Delegation von Verantwortung in die operative Ebene wird verdeutlicht. Lösungen für die Bewältigung des Problems werden aufgezeigt.

Prozeßteams unterhalb des Prozeßowners sollten sich selbst organisieren, sie sollten ihre Stellenbeschreibung untereinander verfassen, die Measurements selbst festlegen, die Budgets ausarbeiten und sich gegenseitig weiterbilden. Warum Selbstorganisation? Die Mitarbeiter des Prozesses wissen am besten, wie man ihn verbessern kann!

Prozeßteams unterhalb des Process Owners sollten sich selbst organisieren.

Inwieweit letzteres gelingt, ist abhängig vom Erfolg projektbegleitender Maßnahmen in Richtung „Empowerment" der Mitarbeiter.

7.2 Mehr Verantwortung
Ansporn oder Bedrohung?

Frau Franke: „Die Frage muß meines Erachtens anders gestellt werden: sind die alten Führungsstrukturen für die neuen Prozesse noch tauglich? Durch die Delegation von Verantwortung auf die operative Ebene haben viele Manager ihre bisherigen Aufgaben verloren. Übernehmen wir die alten Hierarchien, haben wir in kurzer Zeit auch wieder die alten Strukturen."

Die Problematik der Delegation von Verantwortung in die operative Eben wird verdeutlicht. Lösungen für die Bewältigung des Problems werden aufgezeigt.

Herr Sales: „Sie glauben doch nicht, daß Sie alle bisherigen Manager einfach freistellen oder bestenfalls umschulen können."

Herr Proman: „Das ist sicher nicht möglich, aber auch nicht nötig. Nicht nur die Mitarbeiter der operativen Ebene erhalten neue, verantwortungsvollere Aufgaben und müssen, wenn nötig, qualifiziert werden. Das gilt auch für Manager."

Herr Sowa: „Es ist doch eine traurige Wahrheit, daß viele Manager ihre einzige Berechtigung darin sehen, anzuordnen, zu kontrollieren und freizugeben. Die eigentlichen Führungsaufgaben werden heute nicht wahrgenommen. Wenn diese Personengruppe diese Aufgaben verliert, sind sie meist ohne jegliche Qualifikation, da sie im Lauf der Jahre auch das Know-how für operative Abläufe verloren haben."

Frau Franke: „Das ist sicher überzeichnet, aber im Prinzip richtig. Das ist ein großes Problem, was aber ist die Alternative? Freistellen? Entlassen? Erstens ist das meist nicht oder nur mit hohen Kosten möglich und zweitens sollte man versuchen, die zweifellos vorhandenen Kenntnisse zum Nutzen des Unternehmens einzusetzen. Also neue Aufgaben, auch in der operativen Ebene anbieten und wenn erforderlich auch qualifizieren. Nur wenn das nicht möglich sein sollte, müssen wir uns von diesem Personenkreis trennen."

Frau Purcher: „Wer bestimmt, wer künftig noch eine Aufgabe hat und wer nicht? Sind es nicht genau diese Leute, die wieder über ‚hire and fire' entscheiden und bestimmt nicht zuerst an sich selbst denken."

Herr Schranz: „Das ist der Punkt. Es wird in Zukunft Manager geben müssen, die solche Entscheidungen treffen können und müssen. Daß der Idealzustand nicht auf Anhieb erreicht werden kann, ist auch eine Tatsache, aber er muß immer als mittelfristiges Ziel erkennbar sein."

Herr Sales: „Wenn auch den Hieben in Richtung Management der Beifall sicher ist, so darf die operative Ebene nicht vergessen werden, für Sie gilt ja wohl ähnliches?"

Frau Purcher: „Natürlich sind auch die Mitarbeiter an der Front betroffen. Sie rufen zwar ständig nach mehr Verantwortung, aber wenn sie sie bekommen, wollen sie sie dann auch?"

Frau Franke: „Die Frage ist nicht, ob sie Verantwortung wollen, die Frage ist, ob sie dafür auch qualifiziert genug sind. In der Vergangenheit bekamen sie genau umrissene Vorgaben, die nach der Ausführung noch einmal kontrolliert wurden. Jetzt sollen sie plötzlich eigenverantwortlich, ja unternehmerisch tätig werden. Das muß einfach schief gehen!"

<aside>Wer nicht gelernt hat eigenverantwortlich zu handeln, kann das ohne Qualifizierung auch nicht tun.</aside>

Herr Proman: „Wie bei den Managern muß auch hier eine gründliche Qualifikation vorausgehen. Das prozessuale Denken und Handeln ist auch auf dieser Ebene nicht selbstverständlich."

Herr Sowa: „Die Leute sind in der Mehrzahl nicht in der Lage, eigenverantwortlich zu handeln und wollen es im Grunde auch nicht. Es ist doch viel bequemer, wenn man gesagt bekommt, was wann und wie zu tun ist. Noch besser ist es, wenn es immer noch jemanden gibt, der das Ergebnis meines Tuns kontrolliert. Und das soll plötzlich ganz anders werden?"

Frau Franke: „Plötzlich nicht, aber sukzessive. Es stimmt nicht, daß dort nur Leute sitzen, die keine Verantwortung übernehmen wollen. Viele von Ihnen tun das privat an jedem Tag für ihre Familie oder ihren Verein, warum nicht für die Sicherung ihres Broterwerbs? Sie müssen nur merken, daß sie davon Vorteile haben, daß sie eigenen Handlungsspielraum haben, daß sie ernst genommen werden."

<aside>Mit der Delegation von Verantwortung ist es nicht getan. Zur Verantwortung gehört auch Vertrauen und das muß meist erst aufgebaut werden.</aside>

Frau Purcher: „... und wenn sie nicht gescheitert sind, dann verantworten sie noch heute. Ich bin da noch sehr skeptisch. Aber man sollte es versuchen. Ein wesentlicher Faktor ist meines Erachtens das Team, das an die Stelle von Einzelkämpfern tritt. Prozeßdenken ist ohne Teamarbeit überhaupt nicht denkbar, und da sehe ich einen Lichtblick. Wenn es gelingt, die Teamfähigkeit der Mitarbeiter zu schaffen, kann eine Gruppe sehr wohl Verantwortung übernehmen."

Wer nicht gewillt oder nicht in der Lage ist neue Herausforderungen anzunehmen und zu bestehen, wird gnadenlos abgedrängt.

Wer nicht mit der *Zeit geht, geht mit der Zeit!*

Konkurrenz oder Kooperation?
Konkurrenz wird es immer geben. Konkurrenzsituationen entstehen immer dort, wo etwas knapp ist! Die Bewerbung für eine neue Stelle ist in der Regel eine solche Konkurrenzsituation. Konkurrenz ist etwas Natürliches, ja etwas Belebendes. Viele Unternehmen haben den Konkurrenzgeist jedoch pervertiert, und dadurch, ganzheitlich betrachtet, Lähmungserscheinungen in ihrer Organisation hervorgerufen. Knappe, funktional betrachtete Budgets beispielsweise führen zu einer Konzentration der Kräfte auf die eigene Abteilung, um einen möglichst großen Anteil vom Kuchen zu erhalten. Die Beurteilung der Leistung basiert nur auf den Ergebnissen eines Bereichs. Um sich anderen Fachbereichen gegenüber abzugrenzen, werden Aufschreibungen und Statistiken geführt, die für gemeinsame Vorgesetzte einen Bewertungsanhalt und den konkurrierenden Funktionen gegenüber Argumente für deren Fehlverhalten darstellen.

Maßstab für den Erfolg muß die integrale Leistung aller sein, gemessen am Prozeßoutput. Nur gemeinsame Verantwortung und Handeln führt zu besseren Ergebnissen.

Prozeßorientiert denken und handeln unterscheidet sich von dieser bisherigen Denkweise grundlegend. Maßstab für den Erfolg ist die integrale Leistung aller, gemessen am Prozeßoutput. Nur gemeinsame Verantwortung und Handeln aller am Prozeß Beteiligten führt zu besseren Ergebnissen. Nur solche Manager, die ihre Fähigkeiten dem Ganzen unte-

Prozeßorganisation

rordnen, können die Strukturanpassung überleben. „Platzhirsche", die bis zu ihrem freiwilligen oder erzwungenen Abgang ihr einmal erobertes Terrain durch Abschottung, imperiales Handeln und kleinkariertes Denken verteidigen, haben in einem prozeßorientierten Unternehmen auf lange Sicht keine Chance.

Empowerment

Die meisten Manager verfügen über ein Potential an Wissen und Erfahrung, das erhalten und zum Wohl des Unternehmens genutzt werden muß. Häufig wird diese Qualifikation, verbunden mit dem besseren Eingebundensein in die betrieblichen Informationsströme von Vorgesetzten als Herrschaftswissen eingesetzt. Werden Prozeßteams geschaffen, so müssen diese auch mit dem notwendigen Wissen ausgestattet werden. Allerdings ist es in der Übergangsphase nur mit Delegieren nicht getan. Viele Mitarbeiter sind weit überfordert, wenn sie plötzlich Entscheidungen treffen und ihr eigenes Tun organisieren müssen. Häufig wird die von den Mitarbeitern so vehement geforderte Verantwortung sehr schnell als Bedrohung aufgefaßt. Sie macht die eigene Tätigkeit zwar interessanter, und man braucht sich auch nicht mehr ständig „bevormunden" zu lassen. Aber die andere Seite der Medaille ist, daß man für die eigenen Ergebnisse auch verantwortlich ist und es niemanden mehr gibt, der die Schuld auf sich nimmt. Ebenso sicher ist, daß nicht alle Mitarbeiter den geforderten Status erreichen werden.

Das ist ein Lernprozeß, der nicht kurzfristig geschehen kann. Trotzdem muß es das Ziel sein, die Mitarbeiter eigenverantwortlich handeln und entscheiden zu lassen. Sie, und nur sie, kennen die wirklichen Abläufe und Probleme und wissen meist am besten, wie sie etwas besser machen können. Aber auch für die Manager verändern sich die Aufgabenbereiche. Was sind nun diese neuen Aufgaben? Im Prinzip dieselben, die sie heute bereits wahr-

Qualifikation, verbunden mit dem besseren Eingebundensein in die betrieblichen Informationsströme, wird von Vorgesetzten häufig als Herrschaftswissen eingesetzt.

Natürlich sind moderne Führungsmethoden bekannt, sie werden meist nur nicht eingesetzt.

nehmen sollten, aus Zeitmangel, seltener aus Qualifikationsgründen, aber nicht konnten, manchmal auch nicht durften:

Die häufig so vehement geforderte Verantwortung wird später nicht selten als Bedrohung empfunden.

- *managen statt ‚bosseln'*
- *seinen Verantwortungsbereich im Sinne des Unternehmens strategisch ausrichten statt permanent „Löcher zu stopfen"*
- *Verantwortung delegieren statt übernehmen*
- *Ziele vereinbaren statt vorgeben*
- *Personal qualifizieren statt überwachen*
- *Personal informieren statt beauftragen*
- *Personal motivieren statt kontrollieren*
- *Betriebsklima statt Angst aufbauen*
- *Personal führen statt beherrschen*
- *Konflikte lösen statt schaffen*

Lernende Organisation

Prozeßmanagement bietet für die Prozeßverbesserung eine grundlegende Voraussetzung: die Transparenz von Zeit, Kosten und Qualität.

Eine Organisation, die das Lernen ihrer Mitglieder fördert und die sich daraufhin ständig anpaßt, ist eine lernende Organisation. Das beinhaltet ein kontinuierliches Beobachten der Prozeß- und Organisationsleistung, um eine Basis zu schaffen, wie sich die Organisation verbessern läßt. Prozeßmanagement bietet dafür eine grundlegende Voraussetzung. Kosten-, Geschwindigkeits- und Qualitäts-Measurements machen die Lernleistung innerhalb der Prozesse transparent. Prozeßmanagement ermöglicht auch Korrekturmaßnahmen, da Abweichungen schnell sichtbar werden, eine wesentliche Vereinfachung für das Lernen erster Ordnung. Vergleichbar mit einem Thermostat, das auf die Veränderung der Temperatur reagiert. Lernen zweiter Ordnung findet statt, wenn die Reaktion nicht nur aus einer definierten Reaktion besteht, sondern analysegestützt, situativ eine Gegenwirkung initiiert wird.

Prozeßmanagement liefert eine Reihe von Instrumenten, die geeignet sind, eine lernende Organisation zu unterstützen.

Prozeßmanagement liefert eine Reihe von Instrumenten, die geeignet sind, eine lernende Organisation zu unterstützen.

Prozeßorganisation

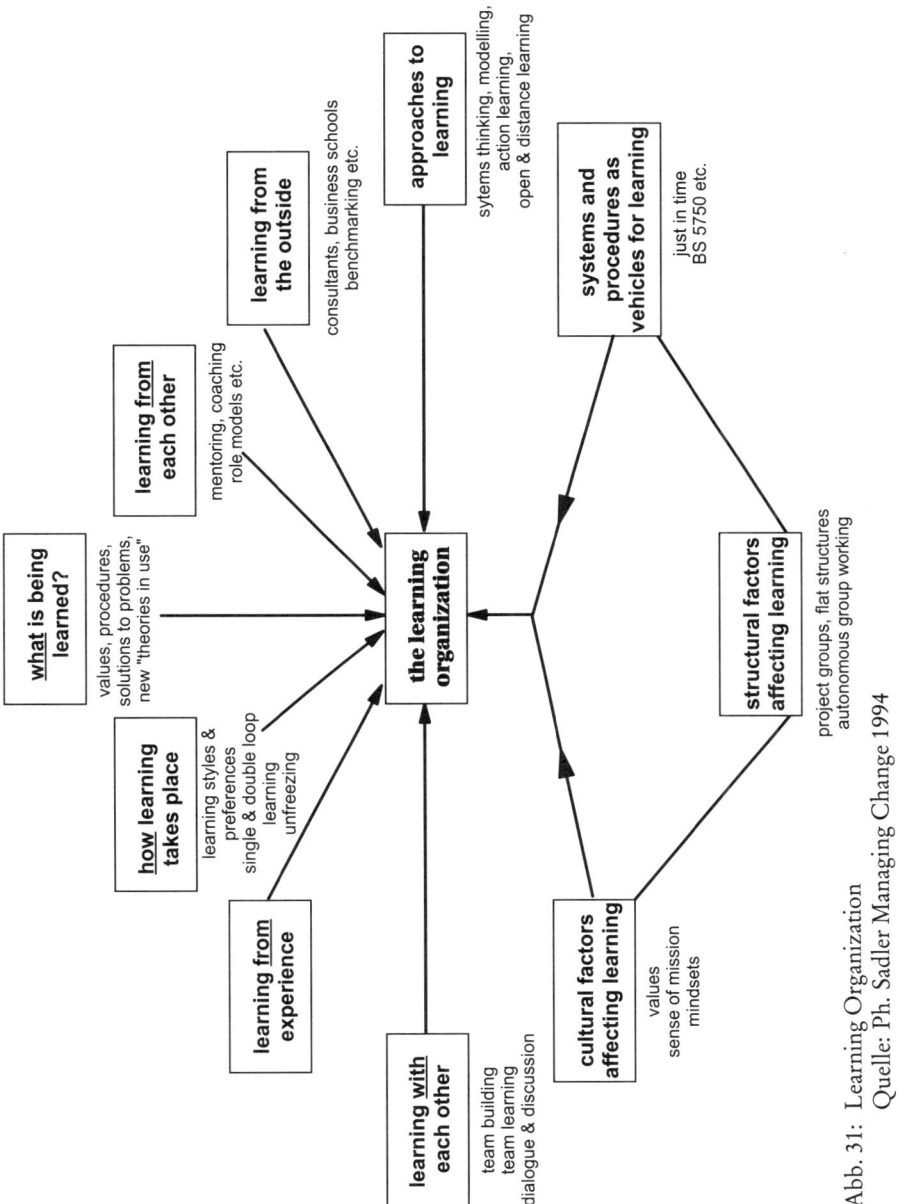

Abb. 31: Learning Organization
Quelle: Ph. Sadler Managing Change 1994

Wie lernen Organisationen? Der Einzelne lernt, wie er selbst Dinge tut, er lernt, wie er Dinge innerhalb eines Teams anfaßt und er lernt, wie er sich als Mitglied einer Organisation verhalten muß. Man lernt somit, seine Fähigkeiten effektiver einzusetzen, Entscheidungs- und Abstimmungsprozesse zu beherrschen und das Tagesgeschäft als Regelgeschäft standardisiert zu betreiben.

Das Schaffen einer „lernenden Organisation" ist somit eine fundamentale Voraussetzung für einen Wandel und damit den Erfolg von neuen, auf Empowerment basierenden Strukturen.

7.3 Ohne Fleiß kein Preis!
Der Anreiz zur ständigen Verbesserung

Der kontinuierliche Verbesserungsprozeß (KVP) ist ohne motivierte Mitarbeiter nicht vorstellbar. Ein Anreizsystem zur Verbesserung der Identifikation der Mitarbeiter mit ihrem Prozeß wird erläutert.

Herr Sowa: „Eigentlich sollten wir uns jetzt zurücklehnen können und uns am Ergebnis des Projekts erfreuen. Wenn ich aber daran denke, daß es nunmehr ausschließlich von der Qualifikation des Process Owners, der Manager und den vielen operativ tätigen Mitarbeitern abhängt, ob das Projekt auch in Zukunft erfolgreich ist, wird mir angst."

Der Erolg von GPM hängt wesentlich von motivierten Mitarbeitern ab.

Frau Franke: „Ein wenig mulmig ist mir auch, aber ich habe doch Hoffnung, daß alle am neuen Prozeß Beteiligten die Chance erkennen, die GPM bietet."

Frau Purcher: „Die Anforderungen sind für alle gestiegen, der Lohn vermutlich nicht. Natürlich sollte es für jedermann bereits Lohn genug sein, wieder einen zukunftsträchtigen Arbeitsplatz zu haben, aber wir alle wissen, daß das mittelfristig nicht zählt. Was also stellt sicher, daß alle Mitarbeiter „an Bord" bleiben?"

Herr Sales: „Wenn die Leute nicht begreifen, um was es geht, ist ihnen und leider auch dem Unternehmen nicht zu helfen."

Prozeßorganisation

Herr Proman: „Damit dürfen wir uns nicht abfinden. Es muß doch Mittel und Wege geben, die Mitarbeiter zu motivieren, mit Eifer bei der Sache zu sein."

Herr Sowa: „Bis heute ist Geld immer noch der größte Motivationsschub. Warum führen wir nicht eine Art Leistungslohn ein?"

Geld ist nur ein kurz wirkender Motivationsschub.

Frau Purcher: „Meine Erfahrung ist, daß man sich relativ schnell an das neue Gehalt gewöhnt und es damit als Besitzstand definiert, in ganz kurzer Zeit muß wieder nachgeschoben werden. Ich glaube, Geld ist auf lange Sicht kein Anreiz."

Frau Franke: „Anreiz kann nicht nur Bares sein, auch Auszeichnungen, einmalige Prämien für erreichte Ziele, Belobigungen oder andere Zuwendungen können motivieren. Viel wichtiger ist aber, daß jeder Mitarbeiter die Würdigung seines Beitrags auch erkennen kann, daß er ernst genommen wird, daß er tatsächlich Entscheidungen trifft, die akzeptiert werden."

Einer der größten und kostengünstigsten Anreize ist immer noch die angemessene Würdigung der Mitarbeiterleistung.

Anerkennung und Prämien
Die wichtigste Einstellung lautet: „Arbeit kann Spaß machen". Der Erfolg von GPM hängt in hohem Maß von positiv motivierten Mitarbeitern ab. Eine wichtige Aufgabe des GPM-Projektteams ist es, eine Umgebung auszumachen oder zu entwickeln, in der die Leute Interesse an ihrer Arbeit finden können. Wer Verantwortung trägt und Entscheidungen trifft, muß sich mit seiner Aufgabe identifizieren. So wie man Qualität nicht anordnen kann, ist auch ein von den Mitarbeitern getragener kontinuierlicher Verbesserungsprozeß nicht per Befehl zu erreichen. GPM setzt ein hohes Maß von ganzheitlichem Denken und Handeln voraus, und das kann nur derjenige, der auch versteht, was er tut.

Eine der wichtigsten Aufgaben ist, eine Umgebung zu entwickeln, in der Mitarbeiter Interesse an ihrer Arbeit finden können.

Mitarbeiter sollen ein Gespür dafür entwickeln, daß ihre Arbeit darin besteht, den Kunden zufriedenzustellen.

Die Mitarbeiter sollen ein Gespür dafür bekommen, daß ein wesentlicher Teil ihrer täglichen Arbeit darin besteht, zur Zufriedenheit der Kunden, zur Beseitigung von Verschwendung und zur Zusammenarbeit als Team beizutragen. Führungskräfte sollten sich bewußt machen, daß sie nicht nur einsatzfreudigen und erfolgreichen Mitarbeitern auf die Schulter klopfen sollten, sondern für Gelegenheiten zu sorgen haben, Erfolge zu feiern und jeden Mitarbeiter darin zu bestärken, vorwärts zu streben.

Eine häufig gewählte Form der Anerkennung ist der Geldpreis. Aber Geld allein ist nicht der Schlüssel zum motivierten, sich mit dem Unternehmen identifizierenden Mitarbeiter, wenn es auch keine untergeordnete Rolle spielt. Aber Training für Selbstmanagement, Informationsveranstaltungen über die Lage des Unternehmens, Motivationsprogramme, ein gutes Betriebsklima, partizipatorischer Führungsstil und ähnliche Dinge sind häufig wirksamer. Das sind aber nur die Grundvoraussetzungen.

Training zum Selbstmanagement, Informationsveranstaltungen über die Lage des Unternehmens und Motivationsprogramme sind ein wirksamer Beitrag, Mitarbeiter zu motivieren.

Die Mitarbeiter müssen einen permanenten Anreiz haben, nicht lockerzulassen. Deshalb ist ein Anreizsystem, das exakt auf das jeweilige Unternehmen zugeschnitten ist, ein Weg, GPM zum „Alltäglichen" zu machen.

Ein erfolgreiches Anerkennungsprogramm sollte folgende Merkmale besitzen:

- *Das Top-Management verhält sich initiativ und begreift das Programm als seinen Beitrag.*
- *Das Anerkennungsprozedere ist weniger formal, als vielmehr von Spaß und Freude geprägt.*
- *Das Persönliche steht im Vordergrund.*
- *Geldpreise variieren je nach Anlaß, sind aber eher bescheiden.*
- *Die Reaktionszeit ist kurz.*
- *Die Handhabung ist spontan.*

8 Wie geht's weiter?
Das „Leben" der neuen Prozesse!

Das Problem, neugestaltete Prozesse in die Praxis umzusetzen, ist nicht geringer als das Re-Engineering selbst. Wie eine solche Implementierung durchgeführt werden soll, wird dargestellt.

Herr Proman: „Die Abschlußsitzung im Projektlenkungsausschuß hat trotz vorhergehender, intensiver Absprachen noch Wünsche ergeben, die jedoch nicht gravierender Art waren. Nachdem wir die Dokumentation geändert haben, können wir das Projekt offiziell beenden. Wir haben die veranschlagte Zeit zwar um 1,4 Mannmonate überschritten, aber der Aufwand war doch geringfügig kleiner als geplant. Ich glaube wir können mit dem Ergebnis zufrieden sein."

Herr Sowa: „Das wird sich noch herausstellen, wenn wir unseren neuen Prozeß in die Praxis umsetzen. Ich hatte schon den Eindruck, daß zu vielen strittigen Punkten genickt wurde, obwohl der Lenkungsausschuß nicht immer alles nachvollziehen konnte."

Frau Franke: „Das ist auch meine Befürchtung, aber wir konnten wenigstens verhindern, daß zu viele ‚faule' Kompromisse eingegangen wurden. Es wird nun an der Praxiseinführung liegen, das Konzept in den wesentlichen Punkten unverändert umzusetzen."

Herr Sales: „Wie soll das nun geschehen? Wer macht diese Einführung? Sollten wir das nicht selbst tun? Wer kennt den Prozeß so gut wie wir?"

Frau Purcher: „Wenn wir das tun, wer soll ihn dann übernehmen? Irgendwann müssen die Abläufe auch ohne unsere Unterstützung funktionieren."

Die Einführung der neuen Prozesse erfolgt nach einem abgestimmten Plan im Rahmen eines eigenen Projekts.

Wie geht's weiter? Das „Leben" der neuen Prozesse!

Herr Proman: „Unser Projekt endet laut Auftrag mit dem Vorliegen einer genehmigten Prozeßdokumentation. Die Einführung in die Praxis ist ein neues Projekt, bei dem zwar der eine oder andere wieder mitarbeiten sollte, aber nicht in der gleichen Zusammensetzung."

Herr Sowa: „Sollte nicht der Informatikbereich die Federführung erhalten? Der ganze Prozeß ist ja im wesentlichen DV-gestützt und von dieser Seite her könnte doch wesentliche Unterstützung kommen."

Die Projektleitung für die Einführung der neuen Prozesse übernehmen die Fachbereiche.

Frau Franke: „Unterstützung ja, aber nicht die Federführung. Die Mitarbeiterinnen und Mitarbeiter der Fachbereiche sind für den Prozeß verantwortlich und deshalb kann auch nur der Fachbereich die Projektleitung haben."

Herr Sales: „Wir haben ja unsere Frau Franke. Sie soll unser GPM-Champion werden, und was liegt da näher, als sie zur Leiterin des Einführungsprojekts zu machen?"

Die Erarbeitung und die Praxisumsetzung wurden bei Haase & Co. nicht in einem Projekt angepackt. Während die Erarbeitung hinsichtlich Zeit und Aufwand relativ gut planbar ist, kann für die Umsetzung in die Praxis nur ein Wunschzeitraum vorgegeben werden. Zeit und Aufwand hängen hier von so vielen Faktoren ab, die vorher nicht einschätzbar sind:

Ein exakter Terminplan für die Einführung kann nicht erstellt werden.

▸ *tatsächliches Betriebsklima*
▸ *Qualifikation von Management und operativen Prozeßmitarbeitern*
▸ *Mitarbeit des Betriebsrats*
▸ *Motivation der Mitarbeiter*
▸ *prozeßübergreifende Zusammenarbeit*
▸ *Qualität des Measurementsystems*
▸ *Bereitschaft zum Wandel*

Wie geht's weiter? Das „Leben" der neuen Prozesse!

- Unterstützung durch Berater
- Akzeptanz des Process Owners
- Grad der Unterstützung durch Informationssysteme
- Unterstützung durch Unternehmensleitung

Der zeitliche Rahmen eines Umsetzungsprojektes definiert sich aus unserer Erfahrung am besten aus einem Endtermin. Der Aufwand wird sich daraus ergeben. Aus unserer Erfahrung wird die Umstellung aber nicht unter einem Jahr abgeschlossen sein. Das impliziert damit auch die Zusammensetzung des Projektteams. Der Projektleiter sollte der Process Owner sein. Der GPM-Champion ist stets ein Projektmitarbeiter und fungiert primär als Coach des Fachbereichs. Dazu kommen noch ein bis zwei weitere Projektmitarbeiter aus den tangierten Fachbereichen. Diese Mitarbeiter sind als Projektleiter für künftige GPM-Projekte wegen ihrer Praxiserfahrung sehr geeignet. Wichtig sind stets ansprechbare GPM-Berater, die möglichst aus dem eigenen Haus kommen sollten. In der Praxis erkannte Schwachstellen müssen vom Process Owner in Zusammenarbeit mit dem GPM-Consultant abgestellt werden. Die enge Zusammenarbeit mit dem Qualitätsbeauftragten muß konstruktiv, nicht konkurrierend sein.

Der Projektleiter für die Praxiseinführung sollte der Process Owner sein. Sein wichtigster Partner ist der GPM-Champion.

In der Praxis erkannte Schwachstellen müssen vom Process Owner in Zusammenarbeit mit dem GPM-Consultant abgestellt werden.

Da in der Regel weder der Endzustand der neuen Prozesse noch die prozeßorientierten Strukturen auf Anhieb erreichbar sein werden, muß trotzdem jede Aktion und Entscheidung an diesem Endziel ausgerichtet werden. Während der Einführungszeit muß sich spätestens die endgültige Prozeßmitarbeitercrew herauskristallisieren. Die einzelnen Measurements müssen ständig beobachtet, verbessert und ergänzt werden. Der Kausalzusammenhang zwischen DIN ISO 9000ff und dem Prozeß muß stets nachgehalten werden.

In regelmäßigen Abständen sollte ein Erfahrungsbericht der Fachbereiche abgehalten werden, zu dem alle Process Owner, GPM-Champions und GPM-Consultants eingeladen werden. Die Zielvereinbarungen der Fachbereiche müssen mit den Process Ownern und Qualitätsbeauftragten abgestimmt werden.

Parallel zur Praxiseinführung muß der Informatikbereich die strategische Informationsplanung erarbeiten.

Parallel zur Praxiseinführung muß der Informatikbereich die strategische Informationsplanung erarbeiten und in Abstimmung mit den Process Ownern sukzessive umsetzen, wobei die strategischen Planungen der Fachbereiche die Basis darstellen. Dieses Projekt kann nur in der Regie des Informatikbereichs erfolgen.

9 Schlußbemerkung

Wir haben gezeigt, welche Möglichkeiten in GPM stecken und wie es sich umsetzen läßt. GPM in einer Ausprägung, bei der es nicht um ein „bißchen" Effizienzsteigerung durch crossfunktionale Betrachtung von Abläufen geht, sondern um Kompetenzentwicklung! Jedes Unternehmen steht mit seinen Prozessen im Wettbewerb zu anderen Unternehmen, jeder kompetente Prozeß bringt ihm spürbare Vorteile gegenüber seinen Mitbewerbern.
Wir sind uns leider sicher, daß trotz dieses Leitfadens nicht jedes Unternehmen GPM in seiner „reinen" Ausprägung einführen kann. Abstriche sind stets zu machen, sie dürfen nur nicht dazu führen, alles beim Alten zu lassen. Wenn die Umstände keine andere Möglichkeit zulassen, dann war die Arbeit auch nicht umsonst. Es war zwar nicht GPM, aber die Verbesserung der Organisationsabläufe ist ja auch ein Erfolg.
Sehen Sie es einmal von dieser Seite: GPM verbessert die Wettbewerbsfähigkeit eines Unternehmens, stellt sie wieder her oder sichert sie für die Zukunft ab. Aus einschlägigen Untersuchungen geht hervor, daß nur ein kleiner Prozentsatz der Unternehmen GPM wirklich erfolgreich umsetzt, und wenn Ihr Unternehmen zu den wenigen erfolgreichen gehört, dann sind Ihre Chancen doch größer, als wenn dies allen gelingt.
GPM ist trotz aller negativen Publikationen in letzter Zeit eine gute Chance, ein Unternehmen auf die Siegerstraße zu bringen. Mißerfolge sind nicht auszuschließen, weil GPM eine andere Denk- und Handlungsweise erfordert, also ein Umschalten in den Köpfen, und das ist ungemein schwer. Beurteilt man GPM mit der Brille tradierter Vorgehensweisen, erkennt man die in GPM enthaltenen Chancen nicht. Ist man überzeugt, daß man als alter „Hase" schon alles einmal gemacht und erlitten hat, führt

das zum gleichen Ergebnis. GPM ist sicher ein wenig alter Wein in neuen Schläuchen, aber man hat auch schon früher die Erde und die Sonne gekannt, aber erst Galilei erkannte die heliozentrierte Welt.

Weiterführende Literatur

Deger, Rupert (1995): Deutschland versus Weltklasse. Internationale Wettbewerbsfähigkeit und Unternehmenserfolg. Stuttgart Schäffer Poeschel.

Hammer, Michael / Champy, James (1994): Business reengineering. Die Radikalkur für das Unternehmen. Frankfurt/M Campus.

Gaitanides, Michael / Scholz, Rainer/ Vrohlings, Alwin / Raster, Max (1994): Prozeßmanagement. Konzepte, Umsetzungen und Erfahrungen des Reengineering. München Carl Hanser.

Krickl, Otto Ch. (1994): Geschäftsprozeßmanagement. Prozeßorientierte Organisationsgestaltung und Informationstechnologie. Heidelberg Physica.

Nippa, Michael / Picot, Arnold (Hrsg.) (1995): Management prozeßorientierter Unternehmen. Frankfurt/M Campus.

Sachverzeichnis

Aggregationsgrad 96
Aktivitäten 29, 104, 141, 153
Analyse-Review 26, 106
Anforderungen, strategische 118
Animation 72
Arbeitsprinzipien, tayloristische 19
Aufbauorganisation 170
Aufbaustrukturen 26
Aufwand 66

Berater 51, 54, 58, 63
Bereitschaft zum Wandel 37, 38
Business Level Agreements 130, 138, 141
Business Plan 115
Business Reengineering 19, 21
Business Transformation 18

Caseteams 19
Competence Center 26

Datenverarbeitung 110
Delegation von Verantwortung 177
Detaillierungsgrad 32, 96
Dezentralisierung 22
DIN ISO 9000ff 33, 106, 165
Dokumentation 70, 88, 100, 104, 127
Doppelarbeit 143
Dreieck, magisches 75
Durchlaufzeit 133

Effizienzsteigerungsprogramme 38, 39
Einflüsse, externe 120
– interne 120
Empowerment 175, 179
Experten 62, 123
Expertise 124

Flüsse, materielle 16
Führungsaufgaben 176

Geschäftsprozeß 28
Geschäftsprozeß-Management 21, 121
Geschäftsprozeßoptimierung 20

Gestaltung 124
Gestaltungsaufgabe 124, 140
Gestaltungsmethodik 125
GPM-Champion 63
GPM-Consultant 63
Graphiktool 167

Implementierungsplan 27
Informatik 111, 145
Informatikbereich 61
Informationsbedarf 153
Informationsmanagement 145
Informationsplanung, strategische 28
Informationssysteme 17, 27, 40, 52, 73, 108, 110, 145
Informationstechnologie 19, 114, 145
Informationsversorgung 110
Inputs 154
ISO 9000 17
ISO 9000ff 132
IST-Ablauf 96
IST-Analyse 26
IST-Aufnahme 24, 94, 99, 104

KAIZEN 21, 27
Kennzahlenkonzept 163
Kernkompetenzen 21, 28, 39, 47, 117
Kick-off-Sitzung 84
Kompetenzgewinn 140
Koordination 143
Kosten 79
– /Nutzenrechnung 74
Kundenorientierung 22
KVP 161, 182

LEAN Organization 171
Leistungsparameter 163

Matrixfunktion 143
Measurements 133
Measurementsystem 158
Mechanisierung 21
Meßdaten 158
Messung 158

Sachverzeichnis

Meßwerte 138, 164
Meßzahlensystem 28, 158

Nutzen 74
Nutzenpotential 77

Optimierung 20
Organisation 143, 175
– funktionale 172
– lernende 180
Organisationshilfsmittel 69
Organisationsstruktur 170
Output-Norm 130, 140

Personalaufwand 68
Personalreduzierung 20, 34
Pflichtenheft 154
Placebo-Re-Engineering 22
Priorisierungsprofil 49
Process Innovation 18
Process Owner 62
Process-Owner-Organisation 143, 173
Process Redesign 18
Process Re-Engineering 18
Process Reorganization 18
Programm 110
Projektabschluß 79
Projektauftragsformular 76
Projektauftrag 76
Projektaufwand 67
– (Kosten) 89
Projektberater 62
Projektdauer 68
Projektdokumentation 89
Projektende 77
Projektinformation 89
Projektkosten 74, 89
Projektleiter 56, 61
Projektlenkungsausschuß 58, 63
Projektmanagement 56, 67, 89
Projektmitarbeiter 57
Projektnutzen 73
Projektorganisation 56, 60, 78
Projektphasenplan 88
Projekt-Reporting 89
Projektteam 62, 78
Projektziele 78
Promotion 27

Prozeß, neuer 128
Prozeßablauf 141
Prozeßdokumentation 130, 166
Prozeßergebnisse 164
Prozeßgestaltung 146
Prozeßleistung 163
Prozeßmanagement 21
Prozeßmodellierung 146
Prozeßmuster, standardisierte 47
Prozeßorganisation 143, 170
Prozeßperformance 161
Prozeßschwankungen 161
Prozesse 28, 29
– kompetente 140
– schlanke 22
Prozeßsteuerung 164
Prozeßteam 173, 179
Prozeß-Team-Organisation 143
Prozeßvarianten 140, 173
Prozeßverantwortliche 62

Qualifikation 179
Qualifizierungsmaßnahmen 42
Qualität 164
– der Prozesse 133
Quantensprung 18, 140

Radikalkur 22
Rationalisierung 35
Referenzprozesse 73
Ressourcenverbrauch 89
Re-Engineering 21, 26

Schnittstelleneliminierung 20
Schnittstellen 26, 133, 141, 154
Schulung 27
Schwachstellen 108
Selbstorganisation 175
Sequenz 141
Simulation 20, 71
Software 111
Spielregeln 88
Stabsfunktion 143
Standardisierung 20
Standards 148
Standardsoftware 17, 20, 52, 110, 146
Statusbericht 89
Steuerung 158

Strategien 78, 115
Strukturen 170
– flache 22, 134
Subprozesse 29, 122, 140, 164

Tools 69, 146
Total Quality Management 33
Transparenz 24, 95

Umgestaltung, radikale 18

Veränderung, fundamentale 18
– radikale 36
Verantwortung, delegierte 134
Verbesserung, ständige 182

Verbesserungsprozeß, kontinuierlicher 21, 28, 158, 165
Vorgehensweise 124

Wettbewerbsfähigkeit 38
Wettbewerbsvorteil 47
Workflows 175
Workshops 95, 104, 126

Zentralisation/Dezentralisation 173
Ziele 77
– strategische 117
Zielsetzung 77
Zielvereinbarung 165

Pack' Dein Wissen in die Tasche!

G.F. Kamiske/J.-P. Brauer
ABC des Qualitätsmanagements
128 Seiten. 1996.
Spiralbindung.
ISBN 3-446-18622-0

T. Hummel/C. Malorny
Total Quality Management
Tips für die Einführung. 128 Seiten. 1996. Spiralbindung.
ISBN 3-446-18618-2

J.-P. Brauer/E.U. Kühme
DIN EN ISO 9000 - 9004 umsetzen
Gestaltungshilfen zum Aufbau Ihres Qualitätsmanagementsystems.
128 Seiten. 1996.
Spiralbindung.
ISBN 3-446-18621-2

Pocket Power

D. Butterbrodt/
U. Tammler
Öko-Audit/Umweltmanagementsystem
Umweltmanagement auf der Grundlage der Öko-Audit-Verordnung – Umweltmanagementsysteme einführen. 128 Seiten. 1996. Spiralbindung.
ISBN 3-446-18620-4

D. Butterbrodt/
U. Tammler
Techniken des Umweltmanagements
die Umweltverträglichkeit umfassend verbessern. 128 Seiten. 1996. Spiralbindung.
ISBN 3-446-18651-4

P. Theden/H. Colsman
Qualitätstechniken
Werkzeuge zur Problemlösung und ständigen Verbesserung. 128 Seiten. 1996. Spiralbindung.
ISBN 3-446-18619-0

Carl Hanser Verlag
Postfach 86 04 20
81631 München
Fax (0 89) 98 12 64